El Tercer Oj

————— ❧❧❧❧ —————

Poder Mental, Intuición y Conciencia Psíquica

3ra Edición

Por Alex McKenna

Por favor, tenga en cuenta que la información contenida en este documento es solo para fines educativos y de entretenimiento. Se ha hecho todo lo posible por proporcionar información precisa, actualizada y fiable. Ninguna garantía de ningún tipo es expresa o implícita. Los lectores reconocen que el autor no está involucrado en la prestación de asesoramiento legal, financiero, médico o profesional.

Introducción 1

Capítulo 1: ¿Qué es el Tercer Ojo?.............................. 3

Capítulo 2: ¿Por qué se debe activar El Tercer Ojo?.............. 11

Capítulo 3: La Meditación del Tercer Ojo 15

Capítulo 4: Imaginación: Frontal y Centrada 25

Capítulo 5: Cómo abrir el Tercer Ojo 35

Capítulo 6: Experiencias después de la apertura
del Tercer Ojo 45

Capítulo 7: Preguntas frecuentes sobre el Tercer Ojo 51

Capítulo 8 - Cosas que debes saber 59

Capítulo 9 - Sanar tu Tercer Ojo 65

Capítulo 10 - Alimentar tu chakra para aumentar
la intuición 77

Capítulo 11 - Algunos datos sobre el Tercer Ojo 83

Capítulo 12 - Problemas comunes a los que se debe hacer
frente... 87

Capítulo 13 - 7 Pasos Para Aumentar Su Poder
Clarividente 89

Capítulo 14 - Activar el Tercer Ojo a través de la
Purificación Corporal 99

Capítulo 15 - ¿Por qué debes activar tu Tercer Ojo?............. 113

Capítulo 16: Formas no convencionales de abrir
el Tercer Ojo 123

Capítulo 17: Errores que se debes evitar al tratar
de aumentar tu intuición 131

Capítulo 18: Experiencias al abrir el Tercer Ojo.................... 137

Capítulo 19: Cosas que debes saber sobre tu "Tercer Ojo".... 145

Capítulo 20: Cómo saber si estás teniendo un despertar
espiritual o psíquico.. 155

Capítulo 21: Los médiums y la intuición 163

CAPÍTULO DE BONO - Tres consejos secretos
para abrir tu Tercer Ojo 175

Conclusión... 179

Introducción

S i supiéramos el verdadero significado de la vida, por qué nacimos y otras preguntas similares pudieran ser respondidas, ¿Cuánto más simple sería? Si pudiéramos ver más allá del pasado y del presente hacia el futuro, ¿cuántas dificultades podríamos superar?

Cada persona viene al mundo con algún propósito y apenas se da cuenta hasta que llega al final. Todo el mundo está ocupado en tan solo tratar de pasar cada día y hacer un futuro mejor. Pero nadie sabe realmente lo que ese futuro nos depara y cuándo llegará.

La gente trata de encontrar las respuestas a estas preguntas de diferentes maneras. Algunos podrían simplemente pensar en ello de una manera práctica y tratar de planificar sus acciones para un mejor resultado. Sin embargo, hay otros que eligieron una ruta menos convencional. En un momento u otro, la gente siempre está intrigada por el potencial de lo místico.

Si usted ha elegido este libro, usted es uno de los últimos. Sin embargo, tampoco tiene por qué estar completamente aislado del primero. Esto es lo que demuestra el concepto del Tercer Ojo.

Usted estará leyendo acerca de lo que es el Tercer Ojo. Hay muchas asociaciones con la ciencia y la cultura cuando se trata de este tema. Muchas personas se dirigen a los videntes y a otras personas que dicen ver más allá de lo obvio e incluso hacia el futuro. Con este libro, usted obtendrá una mejor comprensión de las realidades de tales cosas y cómo suceden. Mientras que algunas de estas personas podrían estar llevando a cabo estafas, otras han despertado o activado el Tercer Ojo. Esto es lo que les da un conocimiento más profundo de lo que está dentro y fuera de lo que podemos ver.

Al revisar toda la información contenida en este libro, también aprenderá cómo puede perseverar para abrir su Tercer Ojo. Esto le ayudará en diferentes aspectos y le hará consciente en un nivel mucho más alto que otros que son ignorantes de tal conocimiento.

Capítulo 1:
¿Qué es el Tercer Ojo?

El Tercer Ojo, también llamado ojo interno, es un concepto esotérico y místico que se refiere a un ojo invisible, que ofrece percepción más allá de la vista ordinaria. En algunas tradiciones espirituales como en el hinduismo, el Tercer Ojo se refiere al chakra, la frente o el ajna. En Teosofía, el Tercer Ojo está relacionado con la glándula pineal. El Tercer Ojo es considerado como la puerta que conduce a los reinos internos o a un nivel superior de conciencia.

En la espiritualidad de la Nueva Era, el Tercer Ojo a menudo se simboliza como un estado de iluminación o la capacidad de evocar imágenes mentales que tienen un significado profundamente psicológico. A menudo se asocia con experiencias fuera del cuerpo, visiones religiosas, capacidad para observar auras y chakras, clarividencia y precognición. Algunas veces las personas que dicen tener la habilidad de ver a través de su Tercer Ojo son conocidas como videntes.

En muchas creencias tradicionales como el hinduismo, se cree que el Tercer Ojo está ubicado en el centro de la frente, un poco por encima de la unión de las cejas. Otras tradiciones como la Teosofía creen que el Tercer Ojo está conectado con la glándula pineal.

Según esta teoría, los seres humanos durante los tiempos prehistóricos tenían un Tercer Ojo en la parte posterior de la cabeza con una función espiritual y física. Con el tiempo, a medida que los seres humanos evolucionaron, este ojo se encogió y se hundió en lo que hoy se conoce como la glándula pineal. Según la hipótesis del Dr. Rick Strassman, la glándula pineal, que es ligeramente sensible, produce y libera dimetiltriptamina (DMT); un enteógeno que él cree que podría ser excretado en grandes cantidades durante momentos de nacimiento o muerte.

En muchas sectas religiosas chinas y el Taoísmo, el entrenamiento del Tercer Ojo requiere enfocar la atención en el área entre las cejas con los ojos cerrados, mientras que el cuerpo se encuentra en una variedad de posturas de qigong. El objetivo del entrenamiento es permitir que el cuerpo sintonice con la vibración perfecta del universo y obtener una base sólida necesaria para alcanzar niveles avanzados de meditación. El Taoísmo también enseña que el Tercer Ojo está localizado entre los dos ojos físicos, y llega hasta la mitad de la frente cuando se abre completamente. Enseña que el Tercer Ojo ubicado en el sexto chakra forma parte del meridiano principal, la línea que separa los hemisferios derecho e izquierdo del cuerpo, y es uno de los centros energéticos más importantes del cuerpo.

El Tercer Ojo, o el ojo interno como a veces se le conoce, se refiere a la habilidad de una persona para ver más allá de lo que es visible para el ojo normal. El concepto se refiere al ojo invisible que cada persona tiene con el cual puede percibir reinos internos y espacios de conciencia superior.

El Tercer Ojo simboliza un medio para alcanzar una conciencia profunda e incluso la iluminación a un nivel superior. A medida que le den más importancia a la relevancia del Tercer Ojo y trabajen hacia su despertar, verán lo que realmente significa. Las personas que son capaces de activar su Tercer Ojo son

las que han tenido visiones, experiencias fuera del cuerpo y han experimentado tal fenómeno, que podría parecer de otro mundo. La verdad es que el Tercer Ojo es la puerta a través de la cual son capaces de ver su interior, así como todo el mundo exterior en una escala mayor con un entendimiento más profundo.

El Tercer Ojo es una entrada a un espacio de conciencia de los mundos internos. A través de él, el cuerpo de energía interior se despierta y se controla. En términos sencillos, el Tercer Ojo puede describirse como un detonante, que activa las frecuencias más altas del cuerpo de energía y, en consecuencia, conduce a estados de conciencia más elevados. En términos aún más simples, el Tercer Ojo proporciona percepción más allá de la vista ordinaria.

Como la puerta a los reinos más profundos de la conciencia superior, el Tercer Ojo simboliza la iluminación. El hinduismo lo describe como el Ajna o Chakra de la frente. Mientras que, en la Teosofía, está estrechamente relacionado con la glándula pineal. Aquellos que han abierto y pueden usar el Tercer Ojo son llamados videntes. Los videntes pueden experimentar visiones religiosas, clarividencia, observar chakras y auras, así como tener experiencias pre-cognitivas y extra-corporales.

El Tercer Ojo se coloca en el centro de la frente ligeramente por encima de la unión de las cejas. Se cree que las primeras generaciones humanas tenían un ojo en la nuca. Este ojo tenía funciones tanto físicas como espirituales, pero a medida que la evolución siguió su curso, el ojo se volvió cada vez más vestigial. Eventualmente, se atrofió y se hundió en la actual glándula pineal anatómica.

Como tal, el Tercer Ojo

- ¿Es el asiento del alma?

- Una fuente de poder telepática

- Una puerta de entrada a mundos internos y reinos de conciencia superior

- Una conexión con la guía divina

- Un portal a otra existencia

Tanto la cultura oriental como la occidental tienen filosofías en relación con el Tercer Ojo. Aunque los detalles de la misma pueden diferir en algunos aspectos, su esencia es la misma.

Como se informó anteriormente, en el hinduismo, el Tercer Ojo está asociado con el chakra Ajna. Se dice que es el centro de la intuición y la sabiduría. Es el sexto chakra y está situado detrás de la mitad de la frente. El chakra está asociado con el color púrpura y tiene varias imágenes que lo representan.

Un mantra semilla del sonido "Aum" está asociado con este chakra. Este chakra tiene un significado especial según la tradición hindú ya que se considera una puerta de entrada para la energía espiritual. La energía que entra por aquí también puede ser mala, por lo que tienen cuidado de tratar de protegerla de las fuerzas externas dañinas. Es por eso que tienen prácticas tradicionales de dibujar símbolos en la frente con materiales como bermellón.

Para alcanzar la iluminación, es esencial meditar con este chakra en foco. Esto le permitirá a la persona conectarse con los poderes supremos o Dios. Cuando una persona trabaja para equilibrar todos los chakras del cuerpo, cada chakra individual necesita ser tomado en cuenta. Si el chakra del Tercer Ojo está en equilibrio, la persona tiene mejor intuición, concentración, pensamiento y, en general, buena salud.

En el budismo, el Tercer Ojo es un símbolo común en las obras de arte relacionadas con la religión. También es un punto focal de meditación en su cultura. Lo llaman el ojo de la conciencia, que les permite ver más allá del mundo físico que les rodea. La estatua del señor Buddha tiene un punto en el centro de la frente que representa este Tercer Ojo. El Tercer Ojo simboliza el despertar de la conciencia superior y la verdadera sabiduría. La meditación dedicada con este chakra se considera crucial para que la persona alcance la iluminación.

La glándula pineal. Una pequeña glándula endocrina conocida como glándula pineal está presente cerca del centro del cerebro. Su nombre se debe a la forma de piña de la glándula y también se le conoce como el Tercer Ojo. Se sitúa cerca del centro entre las dos mitades del cerebro. Una hormona conocida como melatonina se produce aquí.

Dejando de lado la ciencia fisiológica de esta glándula, siempre ha estado asociada al concepto del Tercer Ojo. Se dice que la glándula es un vínculo entre el mundo físico y los reinos espirituales. También trabaja en la armonización de varias funciones en el cuerpo. Muchas filosofías espirituales de todo el mundo relacionan la glándula pineal como el Tercer Ojo y la asocian con la clarividencia y la iluminación.

El Tercer Ojo para los videntes. Pasando al tema de los videntes también te darás cuenta de lo mucho que tiene que ver con el Tercer Ojo. Aprovechar la capacidad del Tercer Ojo es la forma en que estas personas son capaces de mostrar habilidades, lo que puede parecer mágico para algunos. La apertura del Tercer Ojo resulta en una mayor intuición, más allá de lo que una persona normal puede experimentar. La intuición puede funcionar como un presentimiento o una especie de visión.

Cuando tu Tercer Ojo se despierta, tu mente combina toda la información y es capaz de predecir o guiar hacia un resultado. El uso de esta intuición y otras técnicas juntas ayuda a los videntes en su arte.

Los patrones son una práctica antigua vista como parte del Taoísmo originalmente. Mientras que algunos lo ven como una práctica simple, implica más complejidades. La intuición se usa para ver las posibilidades en algo. El Tercer Ojo ayuda entonces a visualizar su potencial a un nivel más profundo y a distinguir el patrón relacionado con él.

Puedes usar patrones con respecto a todos los aspectos de la vida. A medida que tu Tercer Ojo se activa, estás más abierto o receptivo a todo en el mundo. Esto ayuda a modelar y predecir cómo puedes actuar para llevar tu vida en una dirección positiva. Los videntes usan patrones para mostrar sus habilidades a otros, aunque puede parecer una simple adivinación.

A medida que aprendes más sobre el Tercer Ojo y los patrones, vas mejorando. Cuanto más trabajes en la activación del Tercer Ojo, más podrás desarrollar su potencial. Esto te abre a todo el potencial de un Tercer Ojo abierto. Todo este conocimiento y mayor entendimiento se combina con la conexión más profunda con el universo. Esto ayuda a entender el potencial de la vida que usted toma en cuenta. Las personas que no son conscientes de tales cosas piensan que se trata de personas que pueden predecir el futuro o la fortuna de una persona. Una persona genuina, que estudia los patrones y está en contacto con la conciencia superior con su Tercer Ojo, sabe de otra manera. Utilizan su intuición y patrones para comprender cómo la vida de una persona determinada puede desarrollarse como consecuencia de sus acciones. Así es como funcionan realmente las "predicciones".

Una vez que empiezas a meditar y a estimular tu Tercer Ojo, se convierte en un concepto mucho más fácil de entender. Te dará una mejor visión de tu vida y de las personas que te rodean.

Chakra del Tercer Ojo (Ajna). El chakra del Tercer Ojo no está directamente conectado con el concepto del Tercer Ojo, aunque comparte aspectos similares. Los siete chakras son considerados centros de energía que ayudan a mantener la función del cuerpo y la conciencia mental y espiritual. Cada chakra puede ser abierto, desarrollado, y tiene atributos particulares asociados con él para estimular y ayudar a mantener su salud.

El chakra del Tercer Ojo es el número seis y está ubicado en el centro de la frente entre las cejas. Su función puede simplificarse como nuestra capacidad para enfocarnos y ver el panorama general. Está conectado con la intuición, la imaginación, la sabiduría, la capacidad de pensar y tomar decisiones, y la clarividencia. El índigo es su color asociado con "OM" como sonido asociado, por lo que se cree que centrarse en ellos ayuda a estimularlo. El hipotálamo, la glándula pituitaria y el sistema nervioso autónomo (control de la respiración, la frecuencia cardíaca, etc.) se atribuyen al chakra del Tercer Ojo.

Capítulo 2:
¿Por qué se debe activar
El Tercer Ojo?

Todo el mundo sabe y es consciente de los dos ojos que tiene cada persona. Sin embargo, en realidad cada persona tiene tres. Mientras que los dos ojos que utilizamos activamente para la visión son extremadamente importantes, el Tercer Ojo tiene un significado inmenso. Este es el ojo que te ayuda a ver más allá de lo que está justo frente a ti y más allá en cosas que ni siquiera sabías que existían.

Para algunas personas el concepto del Tercer Ojo puede parecer como un sinsentido y un mito. Algunas tradiciones incluso lo consideran como un vínculo con el mal. Sin embargo, en otros se considera un medio hacia niveles más altos de intelecto y conciencia. Los niveles que las personas creen en la fuerza del Tercer Ojo pueden variar. Ciertas tradiciones creen que es la puerta de entrada a la iluminación y un camino para conectarse con su Dios. Otros sólo creen en la esencia básica de cómo este chakra del Tercer Ojo puede aumentar su conciencia de la vida a un nivel superior y entender el verdadero sentido o significado de todo.

El propósito de aprovechar el poder del Tercer Ojo es tratar de obtener una mejor comprensión de ti mismo y de la vida. También te ayuda a descubrir quién eres y qué puedes hacer.

Muchas personas simplemente huyen de tales pensamientos y pasan toda su vida a un ritmo monótono, sin ningún significado. Sin embargo, el Tercer Ojo puede hacer una inmensa diferencia.

- Puedes ver más allá de lo que está físicamente frente a ti y visible a través de la vista normal.

- Tienes un sentido de las cosas que tus otros cinco sentidos no pueden percibir.

- Tienes un sentido de las personas que no están físicamente presentes contigo.

- Puedes oír más allá de los sonidos que te rodean. Las voces internas y los sonidos de otras frecuencias serán más audibles.

- Tus acciones cambiarán de manera positiva.

- Obtendrás una mejor comprensión.

- Tus creencias cambiarán y se fundarán.

- Te vuelves más receptivo a las energías que te rodean. Así es como los clarividentes pueden ver visiones, auras, seres no físicos, etc. Debido a que su Tercer Ojo es más receptivo que aquellos con un ojo bloqueado, tienen mayor capacidad para ver más allá de la visión normal.

- Disminuye las limitaciones que se te imponen y te vuelves más abierto a las circunstancias.

- Aumenta tu intuición.

- Cualquier habilidad y talento que una persona tenga son mejorados.

- Tu percepción de una situación cambiará. Cualquier situación, que venga antes, tú o alguien, que ya haya sucedido, aparecerá ante ti en una nueva luz. Los prejuicios o cualquier noción negativa no bloquean tu mente. Esto te ayuda a reaccionar mejor.

- Te conectas más con el universo. También te conectas mejor con los guías espirituales.

- Tu habilidad para aprender y recordar cosas también aumenta. Tu comprensión irá incluso más allá del análisis y el razonamiento.

- Empiezas a ser más consciente de lo que pasó en el pasado.

- Te ayuda a lidiar con problemas que siempre te han preocupado y que han obstaculizado tu tranquilidad.

- El viaje astral se convierte en una posibilidad para ti a medida que se activa tu Tercer Ojo.

- La vida se vuelve más significativa y pacífica al mismo tiempo. El Tercer Ojo es un campo vital de energía y aprovecharlo te ayuda a recibir más desde afuera y también desde adentro. Funciona como un sexto sentido que es capaz de ser consciente de mucho más de lo que los otros cinco sentidos pueden absorber. Por ejemplo, si una persona no tiene vista ni oído, se considera una discapacidad. De la misma manera, cuando el Tercer Ojo está cerrado, no puedes sentir su propósito. Tiene una capacidad única para enlazarlos con energías más elevadas hacia las que de otra manera estarían ciegos.

A medida que insistas en abrir tu Tercer Ojo, serás más intuitivo. Te ayudará a entender el verdadero significado de la vida y tu propósito. Puedes lidiar fácilmente con lo que se te presente y responder a tus propias preguntas. A medida que tu Tercer Ojo se abre, la verdad parece desplegarse por sí misma. Los problemas sobre los que te habías estresado anteriormente se volverán simples e insignificantes. Entonces te das cuenta de cuánta energía gastaste y que te ponías ansioso por cosas innecesarias. Tu habilidad para manejar el estrés o cualquier emoción aumenta. Te ayuda a tener más control sobre tu mente y tus acciones.

La meditación con el Tercer Ojo te ayuda a mirarte a ti mismo y a obtener una clara comprensión de tu ser interior. Si anteriormente no estabas seguro de nada o no podías decidirte, se vuelve mucho más fácil a medida que liberas tu mente a este estado.

Capítulo 3:
La Meditación del Tercer Ojo

D urante los días siguientes a la primera apertura, haz mucha meditación y repite la técnica hasta que la perfecciones. Las etapas iniciales de meditación introducen al meditador en los estados de trascendencia mientras construye sistemáticamente el Tercer Ojo. También entrenan a la mente para que sea verdaderamente silenciosa ayudándote a construir una estructura más allá de tus pensamientos donde la mente pueda ser dominada y silenciada.

Preparativos

- ✓ Quítate los zapatos, corbatas, cinturones o cualquier otra forma de ropa o joyas restrictivas.

- ✓ Siéntese en el suelo o en una silla, con la espalda recta y las piernas cruzadas; esto permite que la energía fluya libremente a través de ti.

Fase 1

- • Cierra los ojos, mantenlos cerrados durante toda tu meditación.

- Respira creando una fricción en tu garganta de tal manera que se desarrolle una vibración dentro de la laringe.

- Ajusta tu columna vertebral; asegúrate de que tu espalda esté erguida, y que el cuello, la cabeza y la espalda estén en línea recta.

- cultiva la quietud absoluta y la tranquilidad.

Fase 2

- Empieza a tomar conciencia de la vibración entre las cejas.

- Conecta esta vibración con la vibración en la garganta, es decir, tomar conciencia de las dos vibraciones al mismo tiempo.

- La vibración de la garganta actúa como un amplificador que cultiva y construye la vibración entre las cejas.

Fase 3

- Deja caer tu conciencia de la vibración en la garganta y comienza a buscar niebla, neblina, color, brillo o luz que se forma entre las cejas.

- Estas manifestaciones son más espirituales que físicas. Por lo tanto, es vital para el meditador no imaginar o visualizar manifestaciones falsas.

- Usa tu vibración de garganta para conectar con cualquier manifestación leve que percibas. Intenta amplificar esto usando la vibración de la garganta

- A medida que la manifestación se hace más pronunciada, disminuye gradualmente tu conciencia de la vibración de la garganta.

- Enfócate en los aspectos más brillantes o vívidos de la manifestación e ignora los aspectos más nebulosos.

Fase 4

- Empieza a enfocarte en el trasfondo de la manifestación. Esto te dará la sensación de un espacio que se abre y se extiende frente a ti.

- Ahora puedes dejar caer la vibración de la garganta mientras te dejas absorber por este espacio.

Fase 5

- Déjate llevar en espiral hacia delante y en el sentido de las agujas del reloj, de modo que caigas y gires en el túnel espacial.

- Déjate atrapar en el vórtice del espacio

- A medida que caigas, las cualidades del espacio cambiarán, y serás proyectado en una realidad completamente diferente.

Fase 6: La No-Técnica

- Deja de ser consciente de todo lo demás y concéntrate por encima de la cabeza

- Pierde todo lo demás, incluyéndote a ti mismo; no hagas nada más que estar consciente

- Mantente inmóvil, pierde el control total y deja que la conciencia se apodere de ti.

Final de la Meditación

- Empieza a escuchar los sonidos del exterior

- Sé consciente de tu cuerpo

- Inhala profundamente varias veces y luego lentamente deriva hacia la plena conciencia. La meditación te ayuda a relajar tu mente y tu cuerpo, pero aumenta tu habilidad para concentrarte en algo. Para abrir o activar tu Tercer Ojo, la meditación juega un papel crucial.

- Hay diferentes tipos de meditación y puede funcionar de manera diferente de persona a persona. Sin embargo, es esencial realizar la práctica de manera regular para lograr el estado de conciencia del Tercer Ojo.

- Primero encuentra un espacio apropiado para meditar. Debe ser un área separada, que no tenga distracciones y que te permita concentrarte en tu meditación en el nivel máximo. El espacio no tiene que ser completamente silencioso e insonorizado. Puede ser una habitación tranquila dentro de la casa o al aire libre en un parque. Pero un cuarto donde la televisión está encendida o un camino donde los autos están tocando la bocina obviamente no será lo ideal. Una vez que encuentres tu espacio, asegúrate de que nadie te moleste mientras dure tu meditación.

- Haz algunos ejercicios de calentamiento, que aflojarán los músculos tensos de tu cuerpo y también harán que tu mente esté más alerta.

- Ahora encuentra la postura en la que puedes meditar mejor. Una de las mejores y más comunes posturas es la posición de loto o medio loto. Sentarse con las piernas cruzadas y mantener las manos sobre las rodillas será muy cómodo. Asegúrese de mantener la espalda erguida y manténgase alerta. Cierra los ojos pero no te duermas. Estar alerta no significa estar tenso. Necesitas relajar tanto tu mente como tu cuerpo al comenzar la meditación.

- Una vez que sientas que tu cuerpo está relajado, trabaja en tu mente. Despeja tu mente de todos los pensamientos y deja que se relaje. Llama tu atención sobre lo que está sucediendo a tu alrededor o incluso dentro de ti. Escuche los sonidos sutiles cerca de ti y concéntrate en tu respiración. Observa cómo tu respiración entra y sale a medida que alejas los pensamientos de cualquier otra cosa. Despejar tu mente de tales pensamientos toma tiempo y paciencia. La primera mitad de cada sesión meditativa comprende este tiempo para despejar tu mente. Solo entonces podrás ir más lejos.

- Debes mantener la calma, pero con determinación, a lo largo de tu meditación. En primer lugar, requiere práctica diaria para aprender la forma correcta de meditar. Abandonarlo será infructuoso. Los resultados no son instantáneos, pero valen la pena. Cada vez que te sientes a meditar, tu mente puede perder el enfoque. No dejes que esto te irrite o te haga rendirte. Sólo mantente firme y desvía tu mente de vuelta a la tarea que tienes entre manos. Concentrarse en la respiración es especialmente útil para bloquear las distracciones.

- A medida que empieces a bloquear todos los pensamientos, concéntrate en la posición del Tercer Ojo. Mueve tu atención al centro de tu frente, entre tus cejas donde se supone que debe estar el Tercer Ojo. Al enfocarte allí, verás aparecer un punto de luz. Mantén tu atención en esa luz emitida. Visualiza esta luz esparciéndose en todas direcciones desde esa fuente.

- No pienses en nada mientras te concentras en esto. No debes haber miedo ni incertidumbre al respecto. Sigue respirando y concéntrate en la luz del chakra.

- A medida que te enfoques en la luz, deja que la fuente se vuelva más y más brillante. Debería enviar más y más luz a medida que haces esto.

- A medida que te sientas mejor, tu cuerpo y tu mente estarán completamente relajados. Esto permite que su Tercer Ojo se abra más. Ábrete a las fuerzas superiores y deja que la guía te conduzca más lejos.

- A medida que se conectan con su estado superior de conciencia y las fuerzas que actúan sobre ustedes, permitan que la luz llene todo su cuerpo y alma.

- En este punto puede haber ciertos pensamientos o preguntas que surjan. Permítales que se desplieguen por sí mismos. Recibirán energía a su alrededor.\

- A medida que sientas que la experiencia comienza a disminuir, permítete regresar al presente. No te esfuerces demasiado. Permitan que suceda lentamente y te traigan de regreso al presente.

- Respira hondo y empieza a ser consciente de tu cuerpo y de las cosas que te rodean.

El canto de la meditación:

- Se debe comenzar de la misma manera que antes y continuar con los ejercicios de respiración. Una vez que hayas dejado a un lado todas las distracciones y puedas concentrarte únicamente en tu respiración, pasa al siguiente paso.

- Ahora realiza el shambhavi mudra. Necesitas girar tus ojos hacia arriba, hacia el centro de la frente, en el chakra del Tercer Ojo. Míralo, pero no fuerces la vista mientras haces esto. Sólo trata de poner tus ojos en esta posición de una manera relajada.

- Ahora inhala profundamente por la nariz y mantén la boca cerrada. Sostén la punta de la lengua entre los dientes y muerde suavemente.

- Respira por la boca. Canta la palabra "thoh" mientras haces esto. Esto envía vibraciones al Tercer Ojo. El sonido "th" debe resonar al hacer esto y enfocarse en abrir tu Tercer Ojo.

- El tono de vibración debe ser correcto. Suele estar en los tonos "a", "b" o "c". Sentirás la vibración cuando los pruebes.

- No te precipites en el proceso. Respira y canta de una manera lenta y constante. A medida que exhalas lentamente, tus pulmones están listos para tomar el aire de tu próxima inhalación profunda.

- Observa cómo sientes la vibración en el centro de tu frente. Todos sus pensamientos deben ser dirigidos en una dirección positiva. Imagina pensamientos de amor y compasión, que envían energía positiva.

- Al exhalar, respira profundamente de nuevo. Luego exhala y canta de nuevo. Repite esto al menos 5 veces. Continúa el ejercicio regularmente durante unos días. Esto te ayudará a concentrarte más y a tener una ventaja en la meditación del Tercer Ojo. Al terminar este ejercicio, comenzarás a notar una ligera presión en el área del Tercer Ojo.

- Después de completar esto durante unos 5 días, continúa con el siguiente paso.

- Asume de nuevo una postura erguida en la posición de loto.

- Haz los ejercicios de respiración regulares. Toma una inspiración profunda por la nariz y sácala lentamente por la boca. Piensa en toda la negatividad dentro de ti mientras exhalas e imagínalo todo saliendo con tu aliento. Debe darte una sensación de limpieza de todo estrés y frustración.

- Repite el shambhavi mudra de nuevo y enfócate en el Tercer Ojo.

- Visualiza un color morado en el Tercer Ojo y siente lo brillante y positivo que es.

- Canta en tono de c y nota las vibraciones que reverberan en tu chakra. Esto mantendrá su chakra abierto estimulado.

- Mientras te concentras en el Tercer Ojo piensa en todas las cosas positivas que quieres en la vida. No intentes forzar una imagen de algo que quieres.

- Deja que la imagen se desarrolle por sí misma a medida que te das cuenta de lo que es realmente importante para ti y te dará la verdadera felicidad. Tu conciencia superior te ayudará a darte cuenta de esto.

- Practica esto todos los días después de los primeros días de abrir tu chakra. Su Tercer Ojo necesita estimulación constante para mantenerse activo y equilibrado. A medida que construyes una base fuerte para el funcionamiento del chakra, verás cómo te vuelves más receptivo a las cosas más elevadas.

Necesitas darte cuenta de que abrir el Tercer Ojo toma mucho tiempo y determinación. Se requiere un alto nivel de disciplina para poder alcanzar ese estado de conciencia. Esperar que los resultados sean rápidos no tiene sentido. Sin embargo, también se dice que las personas que tuvieron más experiencia con esto y que fueron espiritualmente más despiertos en vidas anteriores, serán capaces de abrir su Tercer Ojo más rápido en esta vida también. El tiempo variará de persona a persona basado en varios factores. La gente pasa años tratando de meditar apropiadamente sin permitir ninguna distracción. Abriendo el Tercer Ojo necesitarás deshacerte de todos esos bloqueos para que permitas que las fuerzas superiores actúen sobre ti.

Capítulo 4:
Imaginación: Frontal y Centrada

¿Qué es este "Tercer Ojo" sobre el que más y más de nosotros estamos aprendiendo? Hemos visto muchas referencias a él a lo largo de la historia, quizás sin siquiera saberlo. Un pequeño punto entre las cejas en las culturas hindú y budista lo señala, está en la parte posterior del billete de dólar en una pirámide, y hemos oído muchas referencias a él como "el ojo de la mente", "el ojo que todo lo ve", "el ojo de la iluminación", y así sucesivamente. Entonces, ¿existe realmente y, de ser así, ¿qué puede hacer por nosotros? Demos un paso hacia lo ligeramente desconocido y arrojemos algo de luz sobre ello.

¿De dónde viene? La mayor comprensión de este concepto, un tanto esotérico, deriva de dos puntos de vista que comparten atributos y correlaciones similares. La primera se encuentra en la Teosofía, que sostiene que el conocimiento de Dios puede ser alcanzado a través del éxtasis espiritual (iluminación), popularizado por La Doctrina Secreta, de Helena Blavatsky, publicada en 1888.

La Teosofía considera que el Tercer Ojo está asociado con la glándula pineal. En La Doctrina Secreta, Blavatsky afirma que el Tercer Ojo ya no está activo en las personas, que solía estar ubicado en la parte posterior de la cabeza hace mucho tiempo, sino que se ha hundido en el centro de la cabeza desde entonces, dejando la glándula pineal como único remanente. Ella reconoce que puede ser activado y desarrollado, pero no lo recomendó en su momento.

El hinduismo, otro punto de vista que menciona al Tercer Ojo, registró por primera vez su existencia en los Vedas (1700 a.C. - 1100 a.C.) como el chakra del Tercer Ojo, también conocido como el "Ajna" o "chakra de la frente". Los hindúes creen que el chakra del Tercer Ojo u "ojo del conocimiento" es un canal hacia el poder interior. El chakra del Tercer Ojo está estrechamente asociado con la glándula pituitaria, que ayuda a regular toda la actividad hormonal en el cuerpo. El budismo, compartiendo la representación del Tercer Ojo Hindú como un punto entre las cejas, considera esto como el símbolo del despertar espiritual del conocimiento y la sabiduría. El Taoísmo también ve al Tercer Ojo como un símbolo de profunda conciencia.

La correlación de estos conceptos tanto de la Teosofía como del Hinduismo, entre otros, ha llevado a nuevas teorías sobre la representación del Tercer Ojo en otras culturas antiguas.

Los antiguos egipcios representan el ojo de Horus - un dios del cielo, hijo de Ra, el dios del sol - en muchos jeroglíficos. Se cree que este ojo simboliza la corteza talámica en el centro del cerebro, representando específicamente el tálamo, el hipotálamo y la glándula pituitaria. Algunos han encontrado que las partes de este glifo también son directamente proporcionales a su totalidad, reflejando la proporción dorada de la famosa espiral de Fibonacci.

Dado que la glándula pineal deriva su nombre del "piñón", muchos otros han atribuido la piña a su representación simbólica.

En efecto, piñas. La piña tiene sus raíces en muchos artefactos antiguos como símbolo de conciencia e iluminación.

El bastón de Osiris en Egipto, datado aproximadamente en 1224 a.C., se representa como un cetro entrelazado por dos serpientes que suben en espiral hasta una piña colocada en la parte superior. Los eruditos han asociado a las serpientes de este bastón a la misma representación de las serpientes que suben por la columna vertebral en la práctica hindú del Kundalini, que se dice que conduce a la iluminación. Vemos una réplica de este símbolo en las ambulancias hoy para representar la salud.

En la mitología griega y romana, el dios Dioniso o Baco, respectivamente, se mostraba a menudo con un palo hecho de hinojo y rematado con una piña. Frente al Vaticano católico romano se encuentra hoy una enorme escultura de bronce de una piña conocida como la "Pigna". Sus orígenes se remontan a la antigua Roma en la que fue utilizada como fuente de agua junto al Templo de Isis, la diosa egipcia.

Las esculturas de palacio asirio de 713 a 716 a.C. exponen deidades de cuatro alas que intencionalmente sostienen piñas de la misma manera que vemos al águila calva de los Estados Unidos agarrando 13 flechas en un talón para representar las 13 colonias originales y una rama de olivo en el otro, simbolizando la paz.

Las piñas son consideradas por su encarnación de la geometría sagrada, es decir, la estructura matemática perfecta vista en el crecimiento orgánico como conchas de caracol y moluscos, girasoles y rosas, así como materiales inorgánicos como cristales. Estos organismos reflejan la proporción dorada, que en la aplicación resulta en un patrón en las partes del todo, permaneciendo verdadero a medida que el todo crece. Nombres como Platón, Euclides y

Fibonacci son famosos en matemáticas como contribuyentes al teorema de la proporción áurea.

El patrón observado en las piñas es que sus escamas giran en espiral alrededor del centro del cono, que se puede trazar perfectamente tanto en sentido horario como antihorario. Esto ejemplifica la espiral de Fibonacci, basada en el valor matemático de phi y la proporción áurea, que es ampliamente considerada en la geometría sagrada.

La geometría sagrada. El principio básico de la geometría sagrada es la capacidad de replicar estructuras perfectas tanto en cantidades crecientes como decrecientes empleando el mismo patrón. Imagina dibujar un triángulo equilátero, luego dibujar otro triángulo equilátero, al revés, dentro de ese triángulo. Los puntos del triángulo más pequeño tocarán automáticamente los puntos medios de los lados del más grande. Instantáneamente has creado tres triángulos más dentro del triángulo más grande, que son del mismo tamaño que el triángulo más pequeño. Puedes incluso ir más lejos para dibujar triángulos dentro de los más pequeños y así sucesivamente.

Centrarnos en este principio nos permite dirigir nuestro enfoque de componentes microscópicos a componentes macroscópicos y viceversa. Podemos ver cómo la estructura y la naturaleza de los átomos reflejan los de nuestro sistema solar.

Adolf Zeising, matemático y filósofo de mediados de 1800, encontró la proporción de oro expresada en el cuerpo humano entre muchas otras cosas. Encontró patrones en la correspondencia de los rasgos faciales y otras proporciones como el tamaño del pie de una persona en la misma longitud que el tamaño de su antebrazo. Zeising creía que este principio geométrico se difunde como un ideal espiritual tanto a través de la naturaleza como del arte en todas sus formas en la gran escala de nuestro universo. También sugiere que encuentra su realización más plena en la forma humana. Como tributo a sus estudios, varios otros investigadores en los últimos años han implicado al ADN humano para reflejar la proporción áurea.

Reconocer los patrones de la geometría sagrada alrededor y dentro de nosotros ayuda a traer entendimiento a la naturaleza de nuestro universo. A medida que alcanzamos una conciencia más profunda de nuestro entorno externo e interno, como la de nuestro cuerpo, nos sintonizamos para utilizar nuestra función del Tercer Ojo.

Corteza Talámica. La corteza Talámica está localizada en el centro del cerebro. Contiene algunos de los componentes más importantes para mantener la regularidad de las funciones cerebrales y corporales, incluyendo las emociones.

El cuerpo calloso se asienta como un techo en la parte superior de la corteza del tálamo y actúa como un puente de comunicación entre los dos hemisferios del cerebro. Debajo está el tálamo, que transmite señales para las funciones motoras y sensoriales como la respiración, el ritmo cardíaco, el movimiento muscular, el dolor, el tacto, el olfato, la vista, etc., todas las cuales tienen un vínculo intrínseco con nuestro sentido de la conciencia.

El hipotálamo es considerado la "glándula maestra" que gobierna toda la actividad hormonal en el cuerpo. Estimula el crecimiento físico, controla los niveles de serotonina (hormona "feliz") y cortisol (hormona del estrés) y le indica a la hipófisis qué hacer. Trabajando estrechamente juntos, el hipotálamo y la glándula pituitaria regulan todos los procesos que tienen que ver con el estrés, la rabia, el miedo, la temperatura corporal, la sed, el hambre, la actividad sexual y la supervivencia en general.

La glándula pineal está localizada en un pequeño pliegue detrás y encima de la glándula pituitaria con el tronco encefálico entre ellos. Esta glándula solía ser considerada sin función por la comunidad médica durante muchos años, alineándose con las afirmaciones de Blavatsky, sin embargo, ahora se entiende médicamente que produce tres hormonas - serotonina, melatonina y DMT.

La serotonina está directamente relacionada con nuestras emociones, cuya producción y recepción aumenta nuestra sensación de alegría y felicidad. Por el contrario, se ha observado que la falta de producción o recepción de serotonina en el cerebro es una de las principales causas de depresión clínica. Entonces, podemos ver cómo esta glándula pineal y su activación pueden estar asociadas en los "estados de dicha" que se dice que se logran en la iluminación.

La melatonina es la hormona que nos invoca al sueño. La glándula pineal se activa para producir melatonina por la oscuridad total y se activa para detener la producción en presencia de luz. Los científicos han descubierto que no importa si la luz está brillando en los párpados para estimular al cuerpo a despertar. La luz puede brillar en cualquier parte del cuerpo, pecho, pierna o de otra manera, para disminuir la producción de melatonina. En el mundo de hoy con las luces nocturnas, farolas y dispositivos electrónicos brillando a través de todas las horas de la noche, la producción insuficiente de melatonina se ha convertido en un problema. La falta de melatonina lleva a que se presente dificultad para conciliar el sueño o permanecer dormido, lo cual involucra un sistema que puede crear efectos bastante adversos en la salud de una persona.

Hay cinco etapas del sueño que incurren en diferentes actividades de ondas cerebrales y funciones corporales. Cuando estamos despiertos y lidiando con tareas, listas de quehaceres y responsabilidades, la mayoría de las veces estamos operando en ondas beta que se mueven muy rápido. Los momentos justo antes de dormirse y justo después de despertarse son cuando estamos en la Etapa I del sueño entre las ondas beta y las ondas alfa más lentas, durante las cuales es más fácil recordar nuestros sueños. Mientras que el propósito exacto de soñar permanece desconocido, algunos psicólogos proponen que sea base para que nosotros resolvamos problemas y representemos emociones suprimidas en forma simbólica, liberando así el estrés causado por las emociones más agotadoras. También podemos considerar que muchos innovadores han realizado sus invenciones despertando de un sueño y escribiendo las ideas derivadas de él.

La Etapa II es predominantemente el modo de onda theta. Cuando podemos alcanzar este nivel a través de la meditación, el control de nuestra mente sobre la organización de las tareas se afloja y somos capaces de clarificar las soluciones más fácilmente. La Etapa III es un patrón de sueño profundo conocido como ondas delta, entremezcladas con ondas cerebrales ligeramente más rápidas. La Etapa IV es cuando solo se emiten ondas delta desde el cerebro. Esta es la forma más profunda de sueño, durante el cual se secretan hormonas del hipotálamo y de las glándulas pituitarias que permiten un nuevo crecimiento en los cuerpos de los niños y adolescentes, y reparación y regeneración para los adultos. El sueño REM (movimiento ocular rápido) es la etapa en la que ocurren los sueños y la frecuencia cardíaca y la presión arterial se acercan a los niveles de vigilia.

Lo peor es que debido al estrés, un estilo de vida acelerado, el insomnio y otros factores que impiden una buena noche de sueño, a menudo las personas no son capaces de llegar a la Etapa IV, por lo que sus cuerpos y mentes se ven agobiados por no tener el tiempo necesario para reparar y regenerarse. Esto puede conducir a un ciclo que aumenta la prominencia del estrés en nuestra vida, impidiéndonos pensar con claridad y ser lo mejor que podemos ser. Cuando estamos estresados, es menos probable que seamos capaces de hacer frente a los desafíos de la vida. Cuando estamos relajados, nuestros pensamientos fluyen mucho más sucintamente, lo que nos permite ser más flexibles, creativos y efectivamente productivos.

Capítulo 5:
Cómo abrir el Tercer Ojo

Se dice que los mudras específicos, o cantos en las filosofías hindú y ayurvédica, ayudan a activar y mantener la salud de cada chakra. Para el chakra del Tercer Ojo se recomienda cantar "OM" en un lugar tranquilo durante 1 - 20 minutos. También hay composiciones musicales que están diseñadas para resonar con cada chakra específico basado en su frecuencia tonal individual. Las frecuencias para el chakra del Tercer Ojo se observan a 144 Hz, 288 Hz y 576 Hz.

La meditación es, con mucho, la práctica más ampliamente utilizada para entrar en el Tercer Ojo. Aunque existen numerosas formas de meditación, la idea básica es ralentizar el proceso de pensamiento. ¿Cuántas veces hemos tenido la palabra para algo en la punta de la lengua, sin embargo, cuanto más tratamos de pensar en lo que es, más difícil es recordar? Y más tarde encontramos que cuando hemos quitado nuestras mentes de ella, ¡la palabra viene a nosotros fácil e instantáneamente!

Esta es la razón por la cual las etapas del sueño y las ondas cerebrales son inclusivas, porque muchos practicantes exitosos de la meditación han descrito su propósito de cómo llevar la conciencia cognoscitiva a niveles más profundos de la función cerebral donde las ondas theta y delta son distintas. Es aquí donde se nos propone desarrollar el control sobre la reducción del estrés y los procesos de curación de nuestros cuerpos, tal como se observa de forma natural en la Etapa IV del sueño.

El Dr. Nipun Aggarwal, MD, MBA, MHT, y José Silva son dos notables autoridades que han desarrollado enfoques para el "control mental", entrenando el ojo de nuestra mente para regular consciente, efectiva y casi inmediatamente las funciones corporales para una salud óptima. Estos enfoques también están orientados a mantener la concentración y la paz mental en situaciones cotidianas desafiantes y estresantes, memorizando y recordando rápidamente grandes cantidades de información, así como la resolución fluida de problemas más allá de nuestros cinco sentidos.

Usar el Tercer Ojo no significa desarrollar poderes mágicos o convertirse en un psíquico. En realidad, implica controlar tu mente de manera más efectiva y disfrutar de un sentido más profundo de intuición a tu alrededor. Desafortunadamente, este cambio no ocurre de la noche a la mañana, necesitarás dedicar tu vida a prácticas espirituales que involucran practicar la conciencia de la mente todos los días.

La primera apertura. Elija un día en el que tenga mucho tiempo libre por delante, por ejemplo, al comienzo de un fin de semana. Esto le permite enfocarse íntimamente en las prácticas de apertura del Ojo. Por lo general, se vuelve más fácil después de la primera apertura. Puedes hacerlo con amigos o solo. Es preferible que use ropa de colores claros. La primera apertura no es muy intensa; es posible que sienta un hormigueo entre las cejas.

Técnica

- Dirígete a un lugar tranquilo y sosegado donde seguramente no te molestarán por lo menos por una hora.

- Enciende velas alrededor del lugar.

- Quítate los zapatos, el reloj, la corbata, el cinturón y cualquier otra prenda de vestir o joyería que sea restrictiva.

- Acuéstate en el piso, alfombra, manta o colchón con los brazos a los lados y las palmas hacia arriba.

- Cierra los ojos, relájate unos 3 minutos y tararea de 5 a 10 minutos.

Fase 1

- Comienza a respirar por la garganta gradualmente tomando conciencia de la vibración dentro de la laringe.

- Continúa respirando de 5 a 10 minutos, y en caso de que tu cuerpo o tu conciencia se muevan, déjalos así.

Fase 2

- Mientras mantienes la fricción en la garganta, cambia tu conciencia a la región entre las cejas.

- Es importante que fluyas con la energía de tu cuerpo. No prestes atención al tiempo.

Fase 3

- Coloca la palma de la mano en el área entre las cejas a unos 3 a 5 centímetros de la piel.

Fase 4

- Puedes tener la mano en posición de la fase 3 o a tu lado

- Con los ojos cerrados y la laringe vibrando, comienza a buscar una vibración u hormigueo entre las cejas.

- También puede que sientas una presión, densidad o peso confusos.

- No te concentres demasiado, sólo permanece libre y deja que las cosas sigan su propio curso.

Fase 5

- Tan pronto como sientas una vibración o algo entre tus cejas trata de conectarla a la fricción en tu garganta.

- La vibración se volverá gradualmente sutil y aún más intensa al mismo tiempo.

- Algunas personas pueden sentir la vibración en otras partes del cuerpo o en toda la frente. Esto es normal; sólo enfócate en la vibración entre las cejas.

Fase 6

- Detén la vibración en la laringe

- Concéntrate en la vibración entre las cejas

- Quédate muy quieto y trata de concentrarte en la energía que te rodea

- Esté consciente de cualquier luz o color entre las cejas. Recuerda

- Mantenga los ojos cerrados durante todo el proceso.

- No agarres ni te concentres demasiado en la región entre las cejas, ya que esto podría bloquear el proceso.

- Si está practicando con amigos, no se toquen entre sí

- Si la experiencia te abruma, abre los ojos para volver a la conciencia normal.

- Para la primera experiencia, las manifestaciones del ojo no son tan importantes como la técnica correcta. Durante la primera apertura también pueden ocurrir movimientos corporales menores, como espasmos y destellos de entrada y salida de la consciencia. Ignóralos y perfecciona tu técnica como si nada hubiera pasado.

Aprende a Meditar. Para empezar, tendrás que encontrar el entorno adecuado. Elige un lugar donde puedas estar solo por lo menos de 30 a 45 minutos y que sea relativamente tranquilo. No es necesario que sea completamente silencioso, pero trata de encontrar un lugar donde no te distraigas mucho.

Comienza por adoptar una postura meditativa. Sentarse en el suelo con las piernas cruzadas, la espalda recta y las manos apoyadas en las rodillas se considera una postura meditativa muy eficaz. Si no puedes sentarte en el suelo, siéntate en una silla y mantén la espalda recta. Apoya la parte superior del cuerpo con los músculos abdominales y no dejes que la espalda se encorve. Mantén los hombros hacia abajo y apunta con el pecho hacia afuera.

Relaja tu cuerpo. Todos nosotros mantenemos tensiones en nuestro cuerpo en nuestra vida diaria, lo que nos dificulta mucho la concentración. No te darás cuenta de lo tensos que están tus músculos hasta que conscientemente trates de relajarlos. Gire la cabeza de un lado a otro para aflojar el cuerpo, permita que los músculos del cuello se suelten y que los hombros se caigan.

Relaja tu mente. Esta es una de las partes más esenciales para abrir el Tercer Ojo. Quizás, es también el más desafiante porque necesitarás quitar todos los pensamientos de tu cabeza. Puedes hacer esto enfocando tu atención en cualquier aspecto del mundo físico, ya sea la sensación de la tierra debajo de ti, el sonido del tráfico pasando o tu respiración entrando y saliendo.

Aunque es casi imposible eliminar todos los pensamientos, si un pensamiento llega a tu mente, simplemente reconócelo y deja que desaparezca de tu mente. Necesitarás mucha paciencia y práctica para aclarar tus pensamientos de manera efectiva.

La gente generalmente encuentra muy difícil meditar durante los primeros 10 a 20 minutos. Date un poco de tiempo para pasar del mundo exterior a un estado de meditación.

Desarrolla un hábito de meditación. Cuanto más pienses en meditar, mejor lo harás. Puedes pensar en la meditación mientras comes, das un paseo o incluso mientras te cepillas los dientes. Incluso meditando sólo 5 minutos al día, te entrenarás para ser más consciente con el tiempo. Usa un cronómetro mientras meditas, ya que evitará que te preguntes cuánto tiempo ya has pasado meditando.

Abre la parte intuitiva del cerebro. Comienza observando el mundo que te rodea. Las personas que son generalmente tímidas tienden a ser más intuitivas que la persona promedio simplemente porque pasan mucho tiempo observando a otras personas; y al hacerlo desarrollan una mayor comprensión de cosas como la expresión facial, el lenguaje corporal y otros tipos de comunicación no explícitas. Estas personas son muy buenas detectando química sexual, mentiras, mensajes ocultos y sarcasmo.

Puedes practicar la intuición yendo a un lugar público como un café, un restaurante o un parque por tu cuenta y simplemente observando a otras personas a tu alrededor. Trata de escuchar su conversación sin ser prepotente o grosero. Trate de crear una historia en tu mente sobre cómo se reunieron estas personas o sobre lo que están hablando o cualquier otra información que te parezca interesante. Cuanto más hagas esto, mejor lo conseguirás.

También puedes practicarlo mientras te sientas alrededor de la mesa con tus amigos o familiares, intenta permanecer callado por un tiempo y simplemente escucha de lo que están hablando. Observa a las personas que no están participando en la conversación y observa su reacción a la interacción continua. Trata de imaginar en lo que podrían estar pensando cuando no están hablando. Cuanto más lo practiques, mejor lo conseguirás.

Los sueños son importantes. Las personas con poderes psíquicos generalmente creen que los sueños pueden llevar mensajes que pueden servir como una advertencia. Para analizar tus sueños empieza a documentarlos. La mejor manera de hacer esto es mantener un diario de sus sueños al lado de la almohada. Después de haber documentado algunos sueños, trata de encontrar conexiones entre ellos y verifica si alguna parte de tus sueños se ha hecho realidad.

Trata de seguir tus instintos. ¿Alguna vez te has sentido peculiar acerca de un lugar, evento o persona que realmente no puedes expresar con palabras? ¿Has sentido fuertemente que una cierta situación podría ocurrir sin tener ninguna evidencia que respalde tus sentimientos? Este tipo de sentimientos se llaman instintos viscerales, y todos nosotros los tenemos en diferentes grados. La mayoría de las personas pasan por alto sus instintos viscerales y tratan de vivir sus vidas sobre la base del pensamiento racional. La próxima vez que tengas esa sensación, anótalo y comprueba si realmente se hace realidad. También trata de determinar si estos sentimientos se conectan con tu vida de alguna manera.

Siempre ten en cuenta que el hecho de que tengas un presentimiento acerca de algo no significa realmente que lo lograrás. Si bien puede hacerse realidad, podría tomar meses o incluso años para que se lleve a cabo, por lo que siempre ayudará a tomar nota de estos sentimientos para que cuando esto suceda sepas con seguridad que ya lo sabías.

Capítulo 6:
Experiencias después de la apertura del Tercer Ojo

Después de que tu Tercer Ojo se abra, pasarás por algunas experiencias inusuales. Aunque muchas de las experiencias serán placenteras, hay algunas que podrían no serlo. Si sientes alguna actividad o presión en el centro de tu frente, significa que tu Tercer Ojo ya se ha abierto o se abrirá muy pronto.

Viendo a través del Tercer Ojo. El Tercer Ojo te permite ver más allá de las imágenes visuales que te rodean. Con él, puedes sentir e interpretar visualmente la energía que te rodea. A medida que veas a la gente caminar por el parque, comprenderás mucho más que el concepto abstracto de la gente caminando por el parque. Comienzas a ver la interacción entre el movimiento, la energía y la intención en un vívido mapa visual interno. La vida, por lo tanto, se vuelve casi tangible para ti.

Mientras que nuestros ojos físicos están ciegos a la energía y sólo pueden ver los resultados de la energía, el Tercer Ojo nos permite visualizar dónde está la energía, entenderla y realmente verla. Nuestros ojos están diseñados para ver la luz mientras que el Tercer Ojo te ayuda a procesar la energía con la que interactúas de forma precisa.

Tener un Tercer Ojo abierto puede parecer algo místico al principio, pero simplemente es una nueva forma que ayuda a tu mente a comunicarse con el resto de tus sentidos. Esta comunicación es directa y tan desinhibida que puedes predecir con precisión eventos y percibir potenciales que no están físicamente presentes. Esta es una habilidad real que ha sido experimentada por la gente desde el Paleolítico.

Qué esperar después de que se haya abierto el Tercer Ojo. Después de que tu Tercer Ojo se haya abierto, no te sorprendas cuando pases por experiencias inusuales. Esto tendrá mucho que ver con lo que ves. Por ejemplo, cuando estás muy cansado después de un largo día de trabajo y estás a punto de dormir, puedes ver diferentes tipos de imágenes en el ojo de tu mente después de cerrar tus ojos físicos.

Muchas de estas imágenes no tendrán mucho sentido y serán borrosas o vívidas. Hay un número de dimensiones que se pueden alcanzar con un Tercer Ojo abierto y las experimentarás gradualmente. Todo depende de los niveles de vibración de tu pensamiento. Cuanto más altos sean sus niveles de vibración, más dimensiones podrás explorar. Si estás viendo visiones borrosas, necesitarás fortalecer aún más tus poderes espirituales. Alcanzar un estado más elevado de meditación te ayudará a ver más claramente con tu Tercer Ojo.

Dimensiones superiores e inferiores. Si las vibraciones de tus pensamientos son bajas entonces lo más probable es que veas visiones desde una dimensión inferior. La dimensión inferior es el área donde verás almas inquietas. Estas son las almas de las personas que se suicidaron o que no pudieron perdonarse por haber hecho algo en sus vidas. Puesto que tienen miedo de ser juzgados, no se mueven a la dimensión superior.

Las personas que ven visiones desde la dimensión inferior generalmente se asustan de lo que están viendo y se arrepienten de abrir su Tercer Ojo. Sin embargo, no tienes que permanecer en la dimensión inferior. La mayoría de las personas que permanecen en la dimensión inferior lo hacen porque la vibración creada por sus pensamientos atrae esta dimensión. Todo lo que necesitan hacer es aumentar su vibración y entrar en una dimensión superior.

Si quieres cerrar tu Tercer Ojo, puedes hacerlo evitando las prácticas espirituales, complaciéndote en conversaciones que no tienen nada que ver con el mundo espiritual y deshaciéndote de todos los objetos que te rodean y que te lo recuerdan. Aunque tu Tercer Ojo puede no cerrarse inmediatamente, lenta y gradualmente lo hará. Sin embargo, es importante tener en cuenta que una vez que tu Tercer Ojo se cierre, te costará mucho esfuerzo abrirlo de nuevo.

Con vibraciones de pensamiento más elevadas que incluyen sentimientos de felicidad, gratitud, amor o paz, serás capaz de ver visiones más pacíficas que traerán un sentido de satisfacción y alivio a tu alma. En esta dimensión, tendrás visiones del dolor por el que pasan las personas e ideas que te ayudarán a mejorar las situaciones junto con sentimientos de compasión y perdón.

Sensibilidad a las buenas y malas energías. Una vez que tu Tercer Ojo haya sido despertado te volverás más sensible a las energías de las personas que te rodean. Serás capaz de detectar entre las energías buenas y malas. Siempre es bueno recoger buenas energías, porque te afectará positivamente. Sin embargo, es imposible no recoger las malas energías, por lo que siempre es bueno evitar los lugares donde saben que es más probable que sean golpeados por las malas energías. Esta es una de las principales razones por las que las personas con poderes espirituales más fuertes se sienten agotadas después de pasar tiempo en una multitud, ya que son golpeadas por un montón de malas energías.

Cuando estés en medio de malas energías trata de imaginarte rodeado de energías positivas para protegerte. Piensa en algo que te haga feliz y continúa haciéndolo hasta que puedas salir de esa atmósfera. Evitará que tu mente sea arrastrada a pensamientos negativos.

Una vez que salgas de esa situación y vuelvas a casa, dúchate con el agua a una temperatura ligeramente inferior a la que estás acostumbrado. Imagínate el agua limpiando todas las malas energías que te han afectado. A medida que el agua fluye hacia abajo desde tu cuerpo siente las malas energías que fluyen hacia abajo con él. Este es un excelente ejercicio para eliminar los efectos de la mala energía en tu mente. A medida que lo hagas durante un par de días, experimentarás el efecto limpiador con más fuerza. También te ayudará a volverte más concentrado y enérgico a lo largo del día, y la habilidad de las energías negativas para interrumpir tu proceso de pensamiento regular se volverá más débil. También mejorará su calidad de vida, su salud, su sueño, sus relaciones y el estado general de su mente.

Experiencias de Apertura del Tercer Ojo. Después de que tu Tercer Ojo se haya abierto, durante el período inicial podrías experimentar vibraciones de alto nivel que podrían asustarte. El truco para superar este período es mantener la calma y permitir que las vibraciones tomen control de tu mente. A medida que mantengas la calma, tu mente se sincronizará con las vibraciones y se acostumbrará a ellas.

Puedes ver visiones de lugares hermosos, que pueden incluir visiones de un día hermoso o una casa hermosa o cualquier cosa que sientas que es muy pacífica y un lugar para estar que te ilumine.

Aunque no estés en ese lugar físicamente, tu mente recogerá todos los beneficios de estar en ese lugar. La inmensidad de las imágenes que ves en tu visión variará según el nivel de enfoque y meditación que hayas logrado. Mientras que para algunos las visiones pueden estar en un marco en el cual la mente estará consciente de la oscuridad que está alrededor del marco, para algunos la visión sería sin marco y la claridad será tan grande que la mente ya no verá ninguna oscuridad o imágenes perturbadas.

Cerrar el Tercer Ojo. Muchas personas pueden optar por cerrar su Tercer Ojo. Las experiencias posteriores al despertar y la activación del Tercer Ojo pueden ser bastante abrumadoras para ellos. En tales casos, la manera más fácil de mantenerlo cerrado es no usarlo en absoluto. Abrir el Ojo requiere esfuerzo y cambios en tu vida normal. Si haces cosas mundanas y sin sentido que no requieren el uso del Tercer Ojo, éste permanece cerrado por sí mismo. Sólo mantente concentrado en el flujo regular de cosas.

Para aquellos que han abierto su Tercer Ojo, simplemente empújense hacia atrás y vuélvanse más firmes en el presente. Sigue llevándote a donde estás y a lo que te rodea. Aunque podrías comenzar a ver y oír más, puedes controlarlo. Sólo detente y no veas ni escuches las cosas que no quieras. Es tan simple como cerrar los ojos cuando no quieres ver algo o saltarte un canal de televisión. Presta más atención a tu presencia física y forma de vida. Esto los mantendrá en tierra y prevendrá la conciencia en niveles más altos. No desvíes tu mente hacia pensamientos que son demasiado profundos y que no conciernen a tu vida diaria. Todo esto ayuda a atenuar la conciencia del Tercer Ojo.

Capítulo 7:
Preguntas frecuentes sobre el Tercer Ojo

¿Quién tiene un Tercer Ojo? El Tercer Ojo es natural para todos. Es como un Meta-órgano que consiste en la mente y todos los demás sentidos unidos entre sí y trabajando de manera coherente y óptima. Todo el mundo tiene acceso a este ojo místico. Incluso sin entrenamiento o refinamiento, el Tercer Ojo nos da premoniciones, o simplemente una corazonada de lo que podría suceder. Por lo tanto, cada uno, lo sepa o no, ha usado una o más veces el Tercer Ojo.

Una vez abierto y desarrollado, el Tercer Ojo te da más perspicacia que una simple corazonada. Te ayuda a visualizar claramente los patrones de vida que estaban previamente ocultos. Esto te permite utilizar todos los demás órganos al máximo. De hecho, aquellos que han desbloqueado los poderes místicos del Tercer Ojo lo usan en más formas de las que podemos enumerar aquí. Los videntes, por ejemplo, lo usarán para ver conexiones intrincadas y encontrar respuestas a problemas complejos. Los trabajadores de la energía la usan para manipular conscientemente la energía que les rodea para varios propósitos. También usas inconscientemente tu Tercer Ojo cuando alcanzas y tocas los corazones de otras personas a través del amor o la empatía.

¿Quién usa el Tercer Ojo? Esencialmente, todos lo hacemos. Cada uno de nosotros tiene un Tercer Ojo - la diferencia varía en el alcance de la medida en que elegimos usarlo, si somos conscientes o no de que lo estamos usando, y con qué frecuencia lo ejercitamos para trabajar para nosotros en el enésimo grado.

Como cualquier habilidad, hay un número de personas que tienen la habilidad natural de aprovechar el potencial del Tercer Ojo. Algunas de estas personas son llamadas clarividentes, videntes, o gurús que son capaces de traer luz a una situación confusa o bloqueo de algún tipo. Debido a que sus propias mentes están libres de pensamientos o desorden, "ven" claramente una situación para que surja una respuesta viable.

Cualquiera de nosotros puede aprender a hacer esto también. Es cuestión de práctica, como entrenar el cuerpo y la mente para una vocación particular. Artistas de todos los medios de comunicación, que producen obras originales, ya sea música, video, literatura u otros, están utilizando activamente su Tercer Ojo. Lo mismo ocurre con los empresarios e innovadores en todos los campos imaginables.

Todos tenemos imaginación. Nos ayuda a resolver problemas más fácilmente y a crear muchas de las cosas que vemos en nuestro mundo hoy en día. El grado en que lo usamos ayuda a determinar nuestra forma de vida. Qué tan lejos lo llevamos individualmente es una elección personal.

¿Es lo mismo para todos? Todo el mundo tiene un Tercer Ojo. Todo el mundo puede despertar y desarrollarla. Sin embargo, hay una variación significativa en la interpretación de los resultados de un Tercer Ojo abierto. Lo que usted experimenta o ve es altamente subjetivo y varía de una persona a otra. De hecho, los expertos están de acuerdo en que hay mucho espacio para la mala interpretación de los hechos transmitidos a una persona por el Tercer Ojo.

Diferentes personas verán las cosas de manera completamente diferente. De la misma manera, lo que el Tercer Ojo percibe será distinto de un individuo a otro. Lo que visualizas como una taza puede significar algo más para otra persona. Es por eso que a veces es muy complicado compartir con otras personas lo que ves con tu Tercer Ojo.

Puesto que todos somos humanos, la naturaleza nos ha permitido avanzar hacia una línea de base común. Por lo tanto, es correcto decir que existen puntos en común para las personas cuyo Tercer Ojo está abierto. Por ejemplo, ver auras es una capacidad mental que el Tercer Ojo confiere a mucha gente. Incluso hay expertos que entrenan a la gente para ver las auras de una manera estándar.

Existen numerosas prácticas místicas que ayudan a la gente a explorar las diferentes percepciones de la vida a través del Tercer Ojo. Esto, junto con la naturaleza única de cada persona, significa que lo que uno ve a través de su Tercer Ojo puede ser diferente de lo que ve otra persona.

¿Qué hace el Tercer Ojo? El Tercer Ojo es simplemente un sentido. Como todos sus otros sentidos, por lo tanto, no hace nada más que trasmitir información. Sus ojos no hacen nada más activo que transmitir información visual. Sus oídos también son bastante pasivos; simplemente transmiten sensaciones auditivas al cerebro. Lo mismo ocurre con todos los demás órganos sensoriales. Todos ellos acumulan información y la transmiten al cerebro.

El Tercer Ojo recoge o percibe información sobre el potencial y el estado de energía a su alrededor. La información acerca de los potenciales es todo acerca de lo que podría ser mientras que los estados de energía son todo acerca de cómo las cosas están siendo sostenidas a su alrededor. Esta información le ayuda a visualizar las emociones de las personas, cómo lo están haciendo, sus historias e incluso lo que les espera. Además, puedes tener una idea de las cosas que pueden estar ocultas a la vista e incluso de las que aún no han ocurrido.

Lo que tú necesita saber. La apertura del Tercer Ojo ha sido descrita como un viaje a la iluminación. Sin embargo, como todas las cosas, tiene otra cara. Con un Tercer Ojo abierto, la vida queda al descubierto, lo que significa que puedes ver cosas que no deseabas ver. Antes de emprender esta búsqueda mística que te permite despertar tu Tercer Ojo, debes estar listo para enfrentarte a todo lo que yace más allá de la vista ordinaria.

El Tercer Ojo es una habilidad natural y como todas nuestras habilidades, podemos elegir usarlas para bien o usarlas para cometer maldad. Es maravilloso experimentar una nueva dimensión de vida desconocida para muchos. Sin embargo, debes tener cuidado en cómo usas tu poder. Algunas personas pueden estar tentadas a usarlo como arma para oprimir, manipular o incluso explotar. Esto es malvado y está lejos de la belleza que viene con el desarrollo del Tercer Ojo.

Uno de los mayores riesgos del Tercer Ojo es que puedes fácilmente caer en el delirio. Si te metes en esto sin la orientación adecuada, puedes inclinar la balanza entre lo que es y lo que no es. El poder del Tercer Ojo puede, en el peor de los casos, volverte loco. Sin embargo, con el entrenamiento apropiado, se te enseñará cómo controlar tu poder y cómo mantener una conciencia sana de la realidad desde lo irreal.

¿Qué se puede esperar? Debes entender que mucha gente no ve el mundo a través del Tercer Ojo. Cuando experimentas tu primera visión, puede que todo sea tan nuevo para ti que te sientas como si estuvieras en un desvío de drogas. Contárselo a otras personas puedeempeorar aún más las cosas. Puedes ser perseguido y tildado de demente por personas que no entienden bien lo que estás experimentando.

Su respuesta natural puede ser suprimir esta habilidad para evitar que se burlen de ti o que te tilden de loco. Con suficiente supresión, la capacidad finalmente desaparecerá. Sin embargo, el Tercer Ojo es una increíble habilidad mística. Sólo necesitas tomarte tu tiempo para aprender y entender el proceso de una manera que no creas que estás loco. Una vez que entiendas el proceso, también podrás describirlo a otras personas sin sonar estúpido.

Antes de que te embarques en una búsqueda para desbloquear el místico Tercer Ojo, comprende que no obtendrás artefactos físicos concretos. La eficacia de la apertura y el desarrollo del Tercer

Ojo depende totalmente de ti. Está supeditado a:

- La voluntad de aceptar y prestar atención a lo que tu Tercer Ojo te conecta.

- Aprender a entender e interpretar con precisión lo que ve el Tercer Ojo.

- Ser capaz de actuar sabiamente sobre lo que ves.

¿Cómo te afecta el Tercer Ojo Despierto? Una vez que te mejores meditando en tu Tercer Ojo, empezarás a notar cambios sutiles. Cuanto más se abra su Tercer Ojo, más vívidas serán estas experiencias. Se vuelven más sensibles a todas las energías a tu alrededor. La gente siempre emite una especie de energía dependiendo de su estado de ánimo y de su ser. A medida que se vuelvan más perceptivos de tales cosas, serán capaces de diferenciar entre las energías buenas y las malas.

Las personas con emociones negativas como la ira y el odio emitirán fuertes vibraciones de mala energía. Aquellos con un mejor estado mental serán las energías positivas. A medida que son más receptivos, las energías externas también pueden afectarlos. La buena energía te dejará sintiéndote rejuvenecido mientras que la mala energía puede hacerte sentir completamente agotado. Es por eso que también necesitas aprender a protegerte y crear una barrera entre los demás y tú mismo.

Incluso cuando estás a punto de dormir, tu mente está más receptiva. Es posible que de repente veas imágenes sin siquiera pensarlo. Estas imágenes pueden significar algo para ti mientras que a veces pueden no tener ningún sentido.

Las imágenes borrosas o confusas aparecen más cuando acabas de comenzar a perfeccionar los poderes de su Tercer Ojo. Se vuelven más claros a medida que mejoras al abrir el Tercer Ojo con el tiempo.

Podrás ver almas que están atrapadas entre esta palabra y la siguiente. Por lo general, se trata de personas que tuvieron muertes antinaturales o que sintieron que tenían algún asunto pendiente. Como alma inquieta, no pasan a la siguiente dimensión después de la muerte. Tales vistas son visibles cuando abres tu Tercer Ojo y tus vibraciones están a un nivel que las atrae. La mayoría de la gente elegiría no ser receptiva a tales imágenes y así trabajar para alcanzar un nivel más alto.

En un nivel más alto de despertar, ustedes serán capaces de ver más allá de este mundo y pueden ser testigos de otras dimensiones. Estas a menudo aparecen en luz brillante y colores vivos. A menudo también puede ser demasiado para que lo manejes. Las imágenes de diferentes dimensiones pueden sobrecargarte. Es por eso que es preciso aprender a cerrar el Tercer Ojo de manera sutil y lenta. Permítete cerrar estas energías y enraizarte en el presente.

A nivel físico, sentirás ciertos cambios a medida que despiertes tu Tercer Ojo. Los dolores de cabeza son comunes y pueden variar en intensidad. Mientras que para algunos es sólo una ligera presión en la frente, otros pueden experimentar una sensación más intensa. Sin embargo, esto pasa después de un tiempo de práctica y es sólo un síntoma inicial de la apertura. Una sensación más general es una sensación de hormigueo alrededor de la cabeza, que permanece por un tiempo. Todos estos síntomas son muy comunes cuando empiezas a meditar por primera vez.

¿Cuánto tiempo lleva abrir el Tercer Ojo? El tiempo requerido para abrir el Tercer Ojo puede variar para cada persona. Si tienes algún tipo de experiencia espiritual en tu infancia o tienes padres espiritualmente avanzados, no te llevará mucho tiempo abrir tu Tercer Ojo. Las personas que creen en la vida pasada sienten que la gente que fue espiritual en su vida pasada encontrará más fácil abrir su Tercer Ojo.

Abrir su Tercer Ojo podría no traer inmediatamente visiones y experiencias placenteras. Pero a medida que practiques la meditación y continúes visualizando a través de tu Tercer Ojo, serás capaz de controlarla mejor y recogerás los beneficios de ella. Muchos que intentan abrir su Tercer Ojo se rinden por falta de paciencia sin darse cuenta de lo cerca que estaban. Si comienzas a trabajar en abrir tu Tercer Ojo, no pienses en ello como algo que te gustaría hacer, sino como algo que debes tener, entonces seguramente lo lograrás.

Capítulo 8:
Cosas que debes saber

En este capítulo, analizaré algunos datos curiosos sobre su Tercer Ojo que probablemente no conocías, pero que deberías conocer.

La glándula pineal, como te he dicho antes, está ubicada casi en el centro directo de tu frente. Esta glándula segrega habitualmente la maravillosa neuro-hormona melatonina mientras tu cuerpo está en un estado de descanso en la noche. Los científicos creen que esta glándula es uno de los restos presentes en nuestro cuerpo de los últimos vestigios de una evolución muy antigua.

De hecho, no descansar lo suficiente y por lo tanto no dejar que el Tercer Ojo trabaje cuando es hora de que funcione está causando que muchas personas desarrollen enfermedades crónicas como el cáncer. Si no estás seguro de lo que quiero decir cuando digo que no estás dejando que tu Tercer Ojo descanse adecuadamente, aquí tienes una lista de las cosas que puedes hacer que potencialmente pueden impedir que tu Tercer Ojo funcione correctamente:

Trabajar con luz artificial:

No importa cuánto enfatice el fabricante de tu teléfono móvil o del ordenador que su tecnología hace que la luz artificial que emana de sus dispositivos lo haga seguro y visible, la verdad es que trabajar con luz artificial está impidiendo activamente que tu Tercer Ojo funcione correctamente y además te está dando todo tipo de problemas.

Trabajar en turnos de noche:

Lo creas o no, las noches son para dormir y no para trabajar. Cuando trabajas toda la noche, tus ojos no descansan. Sí, los tres, pero incluso si compensas tu cansancio durmiendo durante el día, tu glándula pineal no secretará la melatonina necesaria y, por lo tanto, tu Tercer Ojo no funcionará a tu favor o en nada.

Mantenerse despierto hasta muy tarde:

Cuando te quedas despierto hasta muy tarde, tus ojos no descansan. Interrumpes tu patrón de sueño e impides que tu glándula pineal funcione correctamente. Incluso si te quedas despierto sin hacer nada, estás impidiendo que tu cuerpo obtenga el descanso que necesita y, por lo tanto, impide que tu Tercer Ojo funcione. Esta es la razón principal por la que las personas que sufren de insomnio tendrán más problemas para abrir su Tercer Ojo en comparación con las personas que tienen patrones normales de sueño.

¿Por qué sucede esto?

Tu glándula pineal está directamente relacionada con los patrones rotatorios de la tierra. Al interrumpir la glándula pineal por complacer a los puntos antes mencionados y por interrumpir la conexión cronobiológica de la melatonina con el patrón de rotación de la tierra, también conocido como su ritmo circadiano, se están abriendo muchas puertas. Sí, por supuesto. Sin embargo, las puertas que estás abriendo no son las de la percepción sino las puertas de terribles enfermedades y dolencias.

Estudios recientes han encontrado que existe una conexión entre la alteración del ritmo circadiano y las enfermedades cardíacas, la obesidad y la diabetes.

Estudios llevados a cabo por la Universidad de Michigan han revelado que la glándula pineal es una de las partes más inexploradas del cuerpo humano a pesar de haber sido objeto de tanta conversación durante tantas décadas. La razón detrás de esto es el hecho de que la glándula funciona de maneras que sólo pueden ser descritas como misteriosas. Nadie sabe por qué un número de moléculas únicas se encuentran en la glándula pineal sólo en la noche y no en el día. Del mismo modo, nadie ha sido capaz de determinar el patrón exacto de la síntesis de melatonina que se produce en la noche que está controlado por el núcleo superquiasmático y es modulado por la luz.

Basta decir que la glándula pineal funciona de manera diferente para cada persona y la mayoría de las garantías que se ven en los principales medios de comunicación son simplemente el resultado de la cultura pop o, en el mejor de los casos, en gran medida especulativas.

Sin embargo, a pesar de lo dicho anteriormente, aquí está una lista corta de la investigación más reciente y mejor confirmada relacionada con la glándula pineal o el Tercer Ojo.

El Tercer Ojo Probablemente Comenzó Como Un Ojo Real:

Sí, efectivamente. Las teorías sugieren que como la glándula pineal actúa como una especie de antena o receptor de la luz y de nuestras retinas, lo que podría significar que el Tercer Ojo comenzó como un ojo real que, o bien se absorbió en el cerebro con el paso del tiempo después de los otros dos ojos, es decir, los ojos que actualmente hemos evolucionado en nuestros rostros, o si se trataba simplemente de un ojo adicional en las primeras etapas de la evolución con una conexión espiritual y física con las etapas de evolución anteriores, sigue siendo algo en lo que tanto la ciencia como la espiritualidad no parecen estar de acuerdo.

Las historias culturales antiguas de la Tierra están un tanto llenas de seres de un solo ojo como de seres de tres ojos como Shiva, el dios hindú, y Cíclopes, el personaje que aparece en numerosos cuentos de folklore e incluso en múltiples religiones en todo el mundo.

Sin embargo, no sólo en el folclore y la teoría, aunque el Tercer Ojo de Homo sapiens evolucionó hasta convertirse en glándulas pineales, todavía encontramos muchos animales con Terceros Ojos foto receptores a los que hoy en día se les llama más comúnmente Ojos Parietales. Además, los cráneos y fósiles encontrados de otras criaturas antiguas presentan cuencas similares en sus cráneos que pueden más o menos probar la existencia de un Tercer Ojo.

La melatonina regula tu vida:

No hay duda de que los patrones circadianos gobiernan nuestras vidas, pero todavía no hay una manera segura de determinar si nuestro patrón circadiano está en el camino correcto. Sin embargo, al observar los patrones de secreción de melatonina, podemos ver definitivamente si los patrones circadianos de una persona están en camino o no.

Las secreciones de melatonina ayudan a sanar nuestro cerebro y a alinear nuestros cuerpos con las rotaciones de la tierra, y se están llevando a cabo investigaciones sobre cómo aumentar estas secreciones para ayudar a las personas a combatir diversas dolencias.

La luz artificial oscurecerá tu futuro:

Si eres una persona preocupada o que está luchando contra el cáncer de mama y de próstata, es posible que quieras prestarle especial atención a esto. Un estudio reciente realizado por investigadores de la Universidad de Harvard llegó a la conclusión de que nuestros hábitats de sueño recientes han aumentado potencialmente nuestros riesgos de contraer cáncer en un 200%.

Los estudios han llegado a decir que la humanidad ha borrado casi por completo el cielo nocturno. La investigación también observó que la mitad de la luz artificial producida se desperdicia de todos modos.

Se ha comprobado que la luz en la noche se convierte en un factor de riesgo muy alto para muchas enfermedades, como lo demuestran muchas investigaciones realizadas en todo el mundo. Estas investigaciones se basaron en diferentes personas en todo el mundo, demostrando una y otra vez que la luz artificial en la noche contribuye en gran medida al factor de riesgo de contraer cáncer hormonal.

Los estudios han demostrado que mientras más mujeres se exponen a la luz artificial en la noche, más alto es su riesgo de cáncer de seno. Un estudio encontró que entrar en la luz promedio de la luz mínima aumentó la tasa de cáncer de mama en un 36% y entrar en la luz más intensa trajo el porcentaje en un 26% más.

Hasta hace unos cien años, el estadounidense medio veía doce horas de luz diurna y nocturna cada uno, pero ahora, con la ayuda de luces artificiales, no sólo hemos estirado el día, sino que hemos insertado activamente la luz en nuestra rutina las 24 horas del día, los 7 días de la semana, en forma de luces nocturnas. Deshacerse de ellas es bastante fácil y puede mejorar en gran medida sus chakras del Tercer Ojo y estimular la producción de melatonina.

La tele:

Aunque no estoy diciendo que la televisión es tu enemiga, tampoco voy a decirte que es tu amiga. Su televisor no sólo emite luz artificial normal. Parpadea, fluctúa y todo lo demás. Especialmente por la noche, cuando tus ojos están desesperados por descansar, presiona los tres ojos y evita que la producción de melatonina se desvíe.

Capítulo 9:
Sanar tu Tercer Ojo

Tómate un momento para reflexionar sobre los últimos días. ¿Estás constantemente perdiendo tus pertenencias? ¿Tienes problemas para ver tus últimos avances para encontrar estas pertenencias? Si es así, su chakra del Tercer Ojo podría estar bloqueado.

Si en algún momento sientes que tu memoria o tus habilidades imaginativas están sufriendo, puedes considerar que tu Tercer Ojo o tu chakra del Tercer Ojo están bloqueados. La memoria y la imaginación son sólo dos de las numerosas funciones cognitivas que son manejadas por tu Tercer Ojo. Un bloqueo en el Tercer Ojo puede ser malo para ti de varias maneras. Puedes estar ansioso; puedes sufrir de dolores de cabeza y generalmente sentirás que no tienes el control de lo que te rodea. Esto es suficiente para hacer miserable la vida de cualquiera. Sin embargo, no hay necesidad de preocuparse porque aquí hay algunas cosas que puedes hacer para sanar tu Tercer Ojo de varias maneras diferentes:

¿Cómo puedo sanar?

Al igual que la curación de cualquier otro aspecto de tu vida, para sanar tu chakra del Tercer Ojo, necesitarás primero determinar la causa o naturaleza del problema. Por lo general, existen dos tipos diferentes de obstrucciones del Tercer Ojo.

La primera que es colocada por ti y la segunda que será colocada por la gente que te rodea.

Bloqueos del Tercer Ojo colocados por ti

Miedo

El miedo es el tipo más común de bloqueos que tu chakra enfrentará. Si el miedo es la causa del bloqueo de tu chakra, es más probable que sea porque tienes miedo de algo que verás una vez que tu chakra se haya abierto.

Hay mucha especulación sobre lo que sucede cuando se abre el chakra del Tercer Ojo.

¿Veré cadáveres mutilados? ¿Veré gente muerta caminando por ahí en varias etapas de decadencia? ¿Seré capaz de apagar el Tercer Ojo si no me gusta lo que veo? Una vez que abras esa compuerta, ¿hay alguna manera de que puedas volver a la vida como antes?

¿Qué pasará si veo algo malo? ¿Qué pasará si veo algo bueno?

Si estas son las preguntas que te acosan por la noche, detente ahí mismo. La mejor parte de los regalos de la naturaleza como estos es el hecho de que pueden ser detenidos a voluntad y que están totalmente dentro de tu control.

No tendrás que ver ninguna de estas cosas. Si eliges aceptar este maravilloso regalo, estará completamente bajo tu propio control. Serás el maestro de lo que veas, de cuándo lo veas y de cómo lo veas. Puedes hacer esto poniendo límites como en cualquier otro aspecto de tu vida. Puedes poner límites en cuanto a quién puede acercarse a ti o llamarte y enviarte un mensaje de texto en medio de la noche, y lo mismo se aplica para el regalo.

Si sientes que no quieres que te avisen de ningún tipo de eventos antes de que ocurran, díselo al regalo. Dilo alto y claro para que tú y tu chakra estén en la misma sintonía de lo que necesitas.

Tú tienes todo el poder cuando se trata de tu Tercer Ojo y por lo tanto todo lo que necesitas hacer es decidir cómo usarlo.

Dicho todo esto, algunas personas todavía logran ver cuerpos con diversas lesiones, etc. caminando por ahí. Lo principal que hay que recordar aquí es que estas personas eran personas como tú no hace mucho tiempo y por lo tanto no hay razón para tenerles miedo. Debes recordar que la mayoría de las veces, estas personas ni siquiera se dan cuenta de que están asustando a alguien que anda por ahí con sus diversas lesiones. Suelen estar perdidos, confundidos y asustados. La única diferencia entre tú y ellos es que ya no tienen un cuerpo físico.

En cualquier caso, si ver a estas personas te asusta, tienes toda la autoridad para controlarlas como quieras.

Falta de confianza en sí mismo

Después del miedo, la segunda causa más grande de ser incapaz de abrir el Tercer Ojo es la falta de confianza en uno mismo, es decir, la falta de fe en que uno puede hacerlo.

Algunas veces las personas creen que han logrado recuperar su Tercer Ojo o que simplemente no tienen uno. Hay que tener en cuenta que este es el enfoque equivocado y bastante absurdo ya que todo el mundo tiene una glándula pineal que es el Tercer Ojo. Por lo tanto, no importa lo que hayas sido llevado a creer por cualquier razón, posees el Tercer Ojo.

La única manera de superar esta barrera es desaprendiendo todo lo que has aprendido. Deja ir cada reserva y cada concepto previo que tengas sobre meditación y comienza a relajar tu mente. Deja todas las reservas y comienza a enfocarte en tu glándula pineal. Cierra los ojos si esto ayuda. No te alarmes si sientes que una presión o calor se extiende desde el centro de tu frente y concéntrate intensamente durante una hora más o menos todos los días hasta que empieces a ver alguna mejoría y recuerda creer en ti mismo.

Bloqueos del Tercer Ojo Colocados por Otros

Control

Si alguien tiene control sobre tu vida, podría ser difícil para ti practicar tus experimentos del Tercer Ojo en su totalidad. Podrías estar consciente de tus habilidades psíquicas, pero aun así serías incapaz de hacer algo al respecto.

Puede ser alguien evidente o puede ser algo que ni siquiera has considerado antes. ¿Quizás sea tu hermano? ¿Quizás es tu padre quien siempre ha sido bastante directo sobre este tipo de cosas y se ha negado abiertamente a creer en ellas y te ha dicho que te mantengas alejado de ellas también?

¿O tal vez es la sociedad en la que te criaste? Mucha gente religiosa considera que los chakras y especialmente el Tercer Ojo están directamente relacionados con actos satánicos. Sin embargo, surge la pregunta, ¿qué poder existe que NO pueda ser usado para el mal? El poder es tan bueno o malo como la persona que lo usa. Recuerden que tú conoces mejor tus intenciones y si son simplemente para explorar tu propio poder y el reino de tu propia mente, entonces no tienes nada que temer.

Sin embargo, a pesar de todo lo que se ha dicho y hecho, ¿cómo se puede liberar a estas personas de su poder sobre ti?

Es muy sencillo. Diles que paren. Sí, efectivamente. Recuerda que eres una persona libre y liberada y que usar y explorar tu Tercer Ojo no es de ninguna manera dañino para nadie. Haz que otros entiendan esto y si no lo hacen, no tengas miedo de cualquier demonización que puedan canalizar hacia ti.

¿Cómo puedo saber si un bloqueo ha sido quitado?

Si has estado teniendo dolores de cabeza que se han detenido repentinamente, regocíjate porque es muy probable que tu bloqueo haya sido eliminado.

Si tu imaginación y la actividad de tus sueños han vuelto a la normalidad o han mejorado, tu bloqueo ha sido eliminado.

Puedes pedir a tus "guías" que comprueben si hay cadenas y bloqueos durante la meditación y que confirmen que el bloqueo ha sido eliminado.

Puedes ir a un sanador de energía o a un chamán y pedirles que revisen si tu bloqueo ha sido eliminado. Este es un proceso muy rápido.

Tés que ayudan a sanar el Tercer Ojo

Si todavía no estás seguro de cómo puedes sanar tu Tercer Ojo, hay varias hierbas y tés disponibles que pueden ayudarte a mejorar tus habilidades mentales y así despejar tu Tercer Ojo.

Aquí hay una lista de los ingredientes que necesitarás para el té curativo del chakra del Tercer Ojo:

Gotu Kola

El nombre científico de esta hierba es Centella Asiática. Esta hierba debe ser usada junto con el Jengibre. Gotu Kola tiene la habilidad única de preparar tu mente para ser capaz de descifrar los mensajes que estás recibiendo. Gotu Kola fortalece tu cerebro para que puedas aceptar fácilmente la carga de los mensajes que estás recibiendo, procesarlos y hacerlos racionales para que tu Tercer Ojo no se sobrecargue.

Incluso si solo estás buscando optimizar las funciones mentales, el gotu kola es notablemente útil para ayudarte a incrementar la actividad cerebral. Además, es beneficioso para las personas que sufren de Alzheimer o que tienen antecedentes familiares con la misma enfermedad. También puede ayudar a prevenir enfermedades del envejecimiento como el Parkinson, la demencia y otras. Esta hierba también mejora la circulación de la sangre a lo largo de todo el cuerpo de modo que tu salud general también mejorará cuando la tomes simplemente para limpiar la mente y librar a tu Tercer Ojo de cualquier tipo de presión.

Skullcap

Si sientes que estás recibiendo un montón de mensajes diferentes y un tanto contradictorios, es posible que quieras considerar el uso de skullcap. A veces, nuestras mentes no son buenas para descifrar entre los mensajes que realmente estamos recibiendo y los mensajes que nuestro ego nos está enviando. Aquí es cuando skullcap entra en la mezcla. Scutellaria Lateriflora es una hierba maravillosa que tranquiliza su mente. Permite que la información fluya libre y orgánicamente y también permite que los mensajes sean entendidos en el contexto en el que deben ser entendidos. Si tienes TDAH o TDAH, lo más probable es que quieras usar esta hierba ya que te ayuda a mantener una línea de comunicación en lugar de repetirla constantemente.

Además, Skullcap puede ayudarte a reducir todo tipo de dolores de cabeza y del cuerpo. En todo caso, esta hierba te ayudará a liberarte de tu cuerpo y a reservar el tiempo suficiente para que puedas empezar a meditar sin ningún problema en el mundo para que tu Tercer Ojo pueda abrirse desinhibido hasta que se convierta en una norma y puedas hacerlo sin la ayuda de tales hierbas.

La ortiga

La ortiga es una hierba que debe usarse junto con la escutelaria. Urtica Dioica es una de las mejores hierbas que se pueden encontrar en el mercado ya que es una de las que tiene las propiedades más beneficiosas. También se utiliza como aromatizante para varios tés ya que es muy sabrosa.

La ortiga es una hierba extremadamente nutritiva. Sus usos son tan versátiles que se puede utilizar tanto en tés como en caldos de sopa. Esta es una hierba que nutrirá tu mente para darle confianza sin hacerte demasiado confiado en lo más mínimo. La planta de ortiga se mantiene erguida y orgullosa con pequeñas agujas que la protegen de los depredadores y de aquellos que desean dañarla. El consumo de té hecho de la sustancia transmitirá el mismo espíritu de confianza a tu propio cuerpo.

Ginger

Zingiber Officinale convierte tu cuerpo en un receptor. Algunas veces, tu cuerpo puede rechazar la energía del Tercer Ojo. Esta es una función antinatural de la que hay que deshacerse en caso de que quieras aprender de los místicos y los misteriosos caminos del Tercer Ojo y practicar la intuición en tu vida diaria. Es una hierba preparatoria que libera a tu cuerpo de los bloqueos y comienza a fluir la corriente a través de tus venas. Sin embargo, ser un experto no es suficiente y es por eso que necesitarás el Gotu Kola para ayudar a mejorar tu experiencia intuitiva.

Otras hierbas dignas de mencionar

Anteriormente mencionamos los tés que puedes usar para ayudarte en tu proceso de sanación. Ahora, aquí hay otras hierbas que pueden ayudarte a mejorar y a sanar varios aspectos de tu Tercer Ojo para que puedas explorar tu potencial al máximo.

La pasiflora

Puede que te parezca extraño ver a la pasiflora en esta lista, pero puede ser una gran compañera para sanar y trabajar con tu Tercer Ojo. La pasiflora permite que una mente inquieta entre en un sueño profundo. Esta es la razón por la que se clasifica más comúnmente como hipnótica. Aquí, voy a desacreditar el mito de que las hierbas hipnóticas tienen algo que ver con el hipnotismo. Las hierbas hipnóticas, de hecho, sólo te ponen más en contacto con el reino espiritual y ayudan a tu alma a trascender, momentáneamente, las ataduras del cuerpo.

La pasiflora es una hierba altamente habilitante que te permite ver y recordar tus sueños muy vívidamente. Notarás que a medida que envejezcas, tu habilidad para recordar sueños por mucho tiempo disminuirá. De hecho, puede empezar a desvanecerse en el momento en que despiertes. La pasiflora te ayuda a aferrarte a tus sueños y luego a mantenerlos y analizarlos.

Sin embargo, a veces el cuerpo comienza a reaccionar negativamente a estos sueños debido al miedo o cualquier otra razón. La pasiflora, al ser un sedante, ayuda al cuerpo a permanecer relajado, por lo que no se produce ningún daño ni en el alma ni en el vaso, ya que la flor hace su magia y te ayuda a volver con seguridad al reino de los vivos. La hierba es extraordinaria para ayudar a una persona durante un ataque de ansiedad o pánico durante su viaje espiritual.

Bálsamo de Limón

Aunque el propósito del Tercer Ojo no es entrar en contacto con fantasmas o seres queridos que han seguido adelante, puede ayudar a hacerlo mediante el uso de bálsamo de limón. Si te sientes nervioso o ansioso debido a la presión en tu Tercer Ojo, el bálsamo de limón te ayudará a aliviar ese estrés y también ayudará al espíritu que estás tratando de alcanzar para calmarte.

Cuando te hayas conectado con tu ser querido, el bálsamo de limón te ayudará a olvidar viejos agravios y te ayudará a arreglar las grietas. Ayudará a traer recuerdos positivos a la vanguardia de la mente para que puedas ser feliz y hacer una experiencia agradable de la reunión.

Esta hierba también tiene las notables propiedades de sanar los principales problemas de la piel y respiratorios, muchos de los cuales están relacionados con el bloqueo del chakra del Tercer Ojo.

La salvia

Probablemente hayas oído hablar de la salvia junto con el avellano de las brujas en el folklore y la mitología, pero el hecho es que esta hierba es una de las hierbas más poderosas que puedes encontrar. La salvia es muy buena para eliminar cualquier energía negativa que pueda estar afectando su sistema. También es extremadamente útil para limpiar tus chakras de vibraciones negativas y para ayudarte a conectarte con tus seres queridos sin ningún tipo de falla en la conexión.

Hace que el primer contacto sea más fácil para ambas partes involucradas y también evita que tengas un colapso nervioso debido a tanta energía que pasa a través de tu sistema. También es buena para meditar.

Gingko

El Gingko Biloba es un nervino que se utiliza en medicamentos en todo el mundo. Tiene algunas de las mismas características que el Gotu Kola, es por eso que ambos se complementan tan maravillosamente. Cuando se unen, estas hierbas pueden resultar ser un poderoso brebaje que puede darle una sacudida a tu cerebro y ayudarlo a trabajar claramente.

Las neuronas ayudan a fortalecer el sistema nervioso para que este pueda manejar cantidades adicionales de estrés. Estas hierbas se utilizan para aliviar el estrés y pueden ayudarte a mejorar tu memoria y ayudarte a desempeñarte mejor bajo varios grados de estrés. Las neuronas también pueden ayudarte a deshacerte de los dolores de cabeza que se convierten en un problema muy común si tienes el chakra bloqueado del Tercer Ojo.

Capítulo 10:
Alimentar tu chakra para aumentar la intuición

El chakra del Tercer Ojo puede ayudarnos a pasar de la micro-observación a la macro-observación de todo aquello que existe. Esto significa el presente, definitivamente pero también las etapas pasadas de la evolución, así como el futuro en forma de intuición.

Si nada más, deberías estar interesado en liberar este chakra porque te ayuda a vivir una vida mejor y pacífica sobre la base de la mejor intuición. A veces esta intuición nos habla tan claramente como si alguien estuviera a nuestro lado susurrándonos al oído al mismo tiempo. Otras veces, nos ayuda a dirigirnos suavemente a través de susurros y señales que tenemos que buscar. Cualquiera que sea el caso, el chakra del Tercer Ojo es un activo valioso e incluso si no planeamos usar los poderes del chakra, es una buena idea liberar nuestras glándulas penianas de cualquier tipo de presión que se presente durante nuestra vida diaria para vivir una vida libre de estrés.

Cuando se trata de comida, desafortunadamente hace tiempo que nos hemos olvidado de cómo comer, qué comer y cuánto comer para que nuestros cuerpos y nuestras almas estén sanos. Sabemos que solo se consume para llenar y en el tiempo y la edad de hoy, no es exactamente sorprendente que estemos encontrando una salida fácil en nuestros alimentos también.

Cómo comer sano para ayudar a nuestro chakra

Come Intuitivamente

Si su cuerpo quiere algo, lo más probable es que lo necesite para mantenerse sano, ya que no es una sustancia de la que uno esté abusando. Los seres humanos somos intuitivos, pero a veces dejamos que nuestro intelecto tome el volante y nos obligamos a comer cosas que nuestro cuerpo no quiere o no necesita simplemente porque pensamos que lo sabemos mejor. Al sintonizar la radio que es nuestra alma y al escuchar nuestra alma y sus necesidades, podemos asegurarnos de que todo lo que consumimos es realmente saludable para nosotros. Presta atención a tu alma y a lo que dice cuando tienes hambre. Si siente que necesita más proteínas y por lo tanto le gustaría comer huevos, hazlo. Además, si sientes que tu cuerpo necesita acumular calcio, no esperes hasta que tus dientes y huesos comiencen a doler. Comienza a compensar la ingestión de leche e incluso algunas tabletas de calcio de uso diario.

Recuerde que cuanto más escuches a tu cuerpo, ¡más dispuesto estará a hablar contigo!

Nutrir el cerebro:

El cerebro es uno de los órganos más esenciales del cuerpo y necesita alimento como cualquier otro órgano. Aproximadamente el 60% del cerebro es grasa. ¿Cómo podemos convertir esta grasa en saludable? Al alimentarlo con grasas más saludables o alimentos que promueven la acumulación de grasa saludable. Se pueden obtener estas grasas de fuentes naturales e insaturadas como pescado, nueces, semillas, algunos granos y grasas omega-3. El consumo de estas grasas se asegurará de que tu cuerpo esté funcionando correctamente sin que te pongas obeso y que tu cerebro esté trabajando a una eficiencia óptima también. Estas grasas también te ayudarán a entrar y mantener un estado de ánimo positivo durante todo el día hasta que se convierta más o menos en una norma. Los estudios han demostrado que las personas que tienen depresión tienen menos cantidades de ácidos grasos Omega-3 en la sangre que les impide absorber las endorfinas que su cuerpo produce en su máxima cantidad, lo que resulta en somnolencia y depresión. Consume mejores grasas para asegurarte de que tu cuerpo tiene todo lo que necesitas.

Comer bien para dormir

Admítelo, has estado allí. Llámalo un nuevo fenómeno o una nueva enfermedad, pero el estilo de vida fácil nos ha dado el trastorno del síndrome alimentario nocturno. Aquí es donde una persona pasa la noche en casa en lugar de participar en otras actividades y, en consecuencia, llena sus cuerpos con varios bocadillos y otros carbohidratos sin sentido que impiden que el cuerpo tenga hambre, pero también que obtenga la nutrición que realmente necesita. Incluso si comes bien, lo más probable es que te complacerás con los bocadillos después de la cena y si los comes demasiado cerca de la hora de acostarte, lo más probable es que alteres tu patrón de sueño. Si comemos un bocadillo justo antes de acostarnos, enviaremos nuestro Tercer Ojo a un modo hiperactivo donde nos mantendrá despiertos y alejados de nuestro precioso ciclo de melatonina y también nos impedirá tener una buena noche de sueño.

Si deseas una buena noche de descanso que realmente te ayude a relajarte y a despertarte rejuvenecido, acorta el tiempo de comer por la noche.

Qué alimentos ayudan a mejorar el Tercer Ojo

Chocolate

¡Alégrate! El chocolate es uno de los alimentos más poderosos para el chakra del Tercer Ojo - su vibración repone y estimula este centro, y lo hace de varias maneras. El chocolate negro contiene cafeína que estimula el cerebro y el pensamiento, permitiéndonos concentrarnos mejor en una tarea. Esto significa que no sólo se abrirá tu chakra, sino que también podrás concentrarte mejor en múltiples actividades. También contiene antioxidantes conocidos como flavonoides que nos ayudan a abrir los vasos sanguíneos. Los antioxidantes pueden ayudar a liberar toxinas dañinas de nuestros cuerpos y ayudarnos a vivir vidas más saludables. También previenen los brotes de la piel y en general hacen que nuestra piel luzca mejor de muchas maneras diferentes y también le dan a la piel un mejor brillo. Incluso puede relajarte más y bajar tu presión arterial como resultado de este efecto. Aparte de sus efectos fisiológicos, sin duda puede alterar tu psicología - nuestro estado de ánimo, ya que contiene varios componentes que actúan como estimulantes o que nos dan la reconfortante sensación de "estoy enamorado". Estas son las mismas endorfinas que le ayudan a permanecer feliz durante todo el día. Por lo tanto, combine el chocolate con ácidos grasos

Omega-3 para lograr un efecto completo. Trate de tener un pequeño cuadrado de chocolate negro al final de la tarde para ayudar a su cerebro a revivir de pensar todo el día y para ayudar a su estado de ánimo hundirse en uno de relajación. Recuerde que cuanto más oscuro sea el chocolate, más sano será. El chocolate con leche tiene azúcares añadidos que pueden darle un zumbido, pero no ayudará a tu Tercer Ojo. Olvídate de las grandes marcas que intentan venderte chocolate negro que sólo se oscurece con la ayuda de colorantes alimentarios. En su lugar, opte por chocolate crudo o chocolate para cocinar que esté menos procesado y, por lo tanto, más cerca del verdadero desafío, lo que está buscando.

La Especie de la Vida

Las especias ayudan a aumentar tu metabolismo, lo que significa que tu cuerpo digiere y utiliza las grasas más rápido. A veces, es tan simple como aumentar las especias en tus alimentos antes de que tu cuerpo se golpee a sí mismo y comience a digerir las grasas que has estado tratando de perder por tanto tiempo.

Sin embargo, cuando se trata de la intuición, recuerda que es intensa que es también el trato con las especias. Si alguna vez has tenido una extraña sensación penetrante mientras consumías especias, es porque debido a su naturaleza picante, las especias se disuelven en tu sangre y afectan directamente a tu Tercer Ojo. ¡Hablando de abridores de ojos! Las especias no sólo son buenas para el sabor, sino que también ayudan a detener el envejecimiento del cerebro. Mantienen el intelecto agudo y ayudan a mejorar la memoria.

La especia de curry es especialmente una de las especias más beneficiosas porque ayuda a mejorar los movimientos cognitivos que se asocian directamente con el Tercer Ojo. También contiene antioxidantes que ayudan a una persona a reducir las toxinas en su torrente sanguíneo y a vivir saludablemente. Además, ayudan a reducir las grasas y proteínas malas en la sangre que afectan directamente al cerebro y causan demencia en los pacientes.

Bayas Moradas

Estos no deben mezclarse con los arándanos. Estas bayas pueden ayudar a tu cuerpo a conseguir más antioxidantes que el chocolate y por lo tanto pueden aumentar la limpieza de tu sistema. Los estudios han demostrado que mientras que otros alimentos pueden prevenir el envejecimiento, estas bayas en realidad pueden ayudar a revertir el envejecimiento y ¡muestran mejoras cognitivas! Además, los arándanos y las fresas ayudan a mejorar la función cerebral y estimulan tanto el aprendizaje como la memoria. Puedes tomarlos como un tentempié crudo o en batidos para un efecto completo.65

Capítulo 11:
Algunos datos sobre el Tercer Ojo

Aquí están algunos hechos que puede que no hayas conocido previamente sobre el chakra del Tercer Ojo y lo que hace por tu cuerpo:

El Color

El color asociado al Tercer Ojo es el del color índigo. Si a veces sientes que la concentración durante la meditación está disminuyendo, simplemente enciende una vela de este color. Además, puedes empezar a usar ropa índigo mientras te concentras en el Tercer Ojo, ya que esto te mantendrá concentrado y en el camino correcto. A veces, rodearse de flores de este color también puede ayudar a una persona a mantenerse concentrada.

Cristaloterapia

Algunas personas encuentran que la terapia de cristal es una buena manera de meditar para activar el Tercer Ojo. Aunque esto no es absolutamente necesario, aquí hay una lista de los cristales que se asocian más comúnmente con el Tercer Ojo y por lo tanto pueden ayudarle a meditar y abrir su camino más fácilmente:

Fluorita púrpura

Sugilita,

Lapis Luzuli Amatista

Aguamarina

Cuarzo Transparente

Lolite, Azurite

Angelate

Sodalita

Cristal de Aqua Aura

Azul Aventurina

Dumortierita

Axinita

Chiastolita

Azul Aragonita

Cacoxenita

Lazulita

merlinita

Ulexita

Turmalina Azul

Fenácito

Estilita

Aromaterapia para el Tercer Ojo

Si descubres que deseas meditar y estimular aún más la meditación, puedes hacerlo mediante aromaterapia. Esto se puede hacer quemando incienso o a través de perfumes e incluso velas perfumadas. Sin embargo, se le debe advertir que, si haces esto inmediatamente antes de dormir, tus células cerebrales se activarán y comenzarán a estimularse, enviando así a tu cerebro a una sobre marcha. Por lo tanto, la aromaterapia siempre se debe hacer en la mañana o temprano en la noche para no interrumpir su patrón de sueño de ninguna manera.

Estos son los olores que pueden ayudar a estimular el Tercer Ojo

Raíz Angélica

Laurel de la bahía

Salvia romana

Ciprés

Elimi

Incienso

Helicriso

Enebro

Mejorana

Pachulí

Romero

Sándalo

Vetiver

Sonidos que estimulan el Tercer Ojo

Cada chakra tiene un sonido específico que ayuda al meditador a concentrarse en la meditación expulsando los pensamientos verbalmente. El sonido para el chakra del Tercer Ojo es 'Eem' y resuena con la fonética del alfabeto: 'A'.

Sanando tu Tercer Ojo con la Naturaleza

Viniste de la naturaleza y a ella volverás. No te limites a las cuatro paredes de tu casa por largos períodos de tiempo. Si sientes que no puedes concentrarte, sal a ser parte de la naturaleza.

Sal y escoge un lugar lejos de los signos humanos. Siéntate en una estera y medita. Gira la cara hacia el sol y cierra los ojos. Siente la luz del sol entrar en ti a través de tu frente y resonar en forma de energía en todo tu cuerpo.

Capítulo 12:
Problemas comunes a los
que se debe hacer frente

Si estás luchando por abrir tu chakra del Tercer Ojo, aquí hay 4 de las trampas más comunes que necesitarás evitar para abrir tu chakra completamente:

Rendirse con demasiada facilidad:

Cuando se trata de tu chakra, el cielo es el límite. No te des por vencido porque podrías estar a pocos centímetros de la línea de meta. Recuerda seguir adelante. A veces, será aterrador hasta que te des cuenta de que es tu poder hacer con él lo que desees. No dejes que nada te asuste de tu meta de explorar tu mente y sigue trabajando duro hacia tus metas.

Aferrarse a los viejos hábitos:

No seas testarudo. Desaprende todo lo que crees que sabes. Lo más probable es que si el ojo no se está abriendo es porque estás aferrándote a un hábito que crees que es inofensivo. ¿Es un poco de lógica lo que crees que te ayudará en tu viaje espiritual? ¿Es inseguridad o no crees que tendrás éxito en tus esfuerzos? Cualquiera que sea el caso, no te aferres a los viejos hábitos y empieza a dejarlos ir. Cuanto antes lo haga, antes se abrirá tu Tercer Ojo y se adaptará a tus deseos.

Ser demasiado enérgico:

No abras tu chakra después de haber tomado tres latas de bebida energética. No saltes de arriba a abajo. No te sobreestimules porque eso puede causar que tu conexión se vuelva espasmódica en el mejor de los casos y te hará agotarte rápidamente. Del mismo modo, no te esfuerces por hacer algo para lo que tu cuerpo aún no está preparado. Si tu cuerpo piensa que no puede soportar hablar con tus seres queridos fallecidos esta noche, escúchalo. No te obligues a complacerte en algo para lo que no estás preparado porque el único que sufrirá serás tú.

Perderse en los Reinos:

Lo que leas ahora puede parecer un poco contradictorio, pero es verdad. Hay una manera equivocada de meditar. Recuerda que perteneces a este reino sin importar cuán tentadora pueda parecer la otra persona. Se supone que no deben usar esto como un escape de esta realidad y de cualquier problema que puedan estar enfrentando aquí mismo.

No te dejes engañar, si quieres encontrar un medio de escape, es probable que encuentres un buen rincón donde puedas esconderte de tu vida real, pero recuerda que estás en este plano de la existencia por una razón y que perteneces aquí y no allí. Cuando te vas de aquí, dejas tu nave en la negligencia y por lo tanto puede que no seas capaz de manejarla cuando vuelvas, así que da este paso muy sabiamente.

Capítulo 13:
7 Pasos Para Aumentar Su Poder Clarividente

¿Qué imagen te viene a la mente cuando escuchas las palabras psíquico? Cuando la mayoría de la gente piensa en un psíquico, probablemente se imaginan a una mujer de aspecto exótico mirando intensamente una bola de cristal. Probablemente lleva aretes de aro gigantes y un vestido largo y deslumbrante. Ella podría hablar en un tono bastante ronco y con un acento extranjero que retransmita tu futuro mientras trata de mirar a través de la niebla que se hace clara tan pronto como le pagas.

Sin embargo, si me has estado siguiendo en mi viaje a través de este libro, puedo asegurarte que puedes ser tu propio clarividente. Aquí está el cómo:

Estas experiencias de clarividencia son bastante normales y a menudo muy útiles. Ahora voy a enseñarte cómo practicar y mejorar estas experiencias hasta que se conviertan en la norma y te vuelvas muy experto en controlar tu clarividencia por ti mismo.

Mejoramos y perfeccionamos la clarividencia, como cualquier comportamiento, con el aprendizaje y la práctica. Si sigues los siete pasos que se enumeran a continuación y los practicas durante siete días seguidos, experimentarás imágenes clarividentes más consistentes y fiables.

PASO 1: Libera los Temores de Ver el Futuro

¿Recuerdas cuando dije que necesitabas quitar la barrera del miedo? Los bloqueos por miedo generalmente ocurren durante la niñez temprana porque los niños tienen mucho miedo de lo que ven. Esto es una gran lástima ya que los niños son inocentes y por lo tanto las almas y los cuerpos se sienten más cómodos revelándose a los niños.

Sin embargo, los niños a menudo "apagan" su clarividencia por miedo. Este miedo podría venir de un comentario irreflexivo de los adultos que dicen que el amigo invisible del niño es su imaginación (cuando, en realidad, el niño está viendo ángeles y guías espirituales). A veces, los padres les dicen a sus hijos que las percepciones psíquicas son malas. O, el niño puede ver una imagen aterradora del divorcio inminente de sus padres, o algún otro evento futuro doloroso. Entonces cierra su visión clarividente, porque no quiere ver su futuro.

Cualquiera que sea la fuente del miedo, debemos liberar esta emoción para recuperar nuestro pleno poder clarividente. Una de las mejores maneras de librarse de los bloqueos del miedo es diciendo una frase afirmativa. Siéntate en una posición cómoda y haz dos o tres respiraciones muy profundas y lentas. Dígase a sí mismo, en voz alta, que no le teme a nada y que está dispuesto a abrir su Tercer Ojo para mejorar la clarividencia.

PASO 2: Conoce lo que quieres saber

Redacta cuidadosamente tus preguntas para que recibas una respuesta que realmente satisfaga tus necesidades. La mejor manera es ser honesto contigo mismo acerca de tus verdaderos deseos.

No seas tímido para pedir lo que quieres. Si quieres saber si te encontrarás con alguien que te gusta en el club, pregúntaselo. Recuerda que esto es un asunto serio y que al Tercer Ojo no le importa la timidez ni las bromas. Obtendrás una respuesta honesta solo si haces una pregunta honesta y por lo tanto preguntas por lo que quieres y claramente.

PASO 3: Respira y concéntrate en tu "Tercer Ojo"

Después de hacer su pregunta, respira profunda y lentamente tres veces. Concéntrate en el área entre tus dos ojos. Este es un centro de energía, conocido como tu Tercer Ojo. Aquí es donde se encuentra la glándula peniana que activa la clarividencia. Esta es la glándula que ayudará a facilitar las imágenes psíquicas en respuesta a sus preguntas.

En esta etapa, algunas personas visualizan un ojo real descansando entre las cejas. Este es el Tercer Ojo que elige revelarse. Observa si este " Tercer Ojo " tiene el párpado cerrado, abierto o parcialmente abierto. Si el párpado está cerrado o parcialmente cerrado, pide que se abra. De nuevo pídele al ojo que se abra aclarando contigo mismo que lo deseas más que nada. Cuando el ojo se abre, tú serás recompensado con una gran oleada de poder y de calor también.

PASO 4: Fíjate en las fotos

Las imágenes clarividentes generalmente vienen en una de cuatro formas:

Como una sola imagen dentro del ojo de tu mente

Como una sola imagen que ves fuera del ojo de tu mente

Como una imagen de película dentro de tu cabeza

o una imagen de película fuera de tu cabeza. Las fotos pueden ser en blanco y negro o a todo color. A veces, pueden aparecer como una pintura o un dibujo animado.

Recuerda que estos son sólo signos que tendrás que interpretar como significados. Trata de recordar cada detalle que puedas en este punto ya que estarás descifrando los significados de estas imágenes después de las semanas venideras ya que estas profecías pueden abarcar años de tiempo.

PASO 5: Confía en lo que ves

Este último paso es crucial, porque si descartas tus imágenes clarividentes o las descartas como mera imaginación, son oportunidades perdidas. Ganarás más confianza en tus habilidades psíquicas si mantienes un registro de tus imágenes clarividentes. Trata de aumentar tu memoria y recuerda estas imágenes para que puedas progresar en las siguientes partes del proceso que te harán toda esta prueba más fácil gradualmente.

Paso 6: Controla las Imágenes

Este paso funcionará para ti como una computadora donde podrás controlar estas imágenes y hacerlas más grandes y ampliarlas para que puedas verlas en alta resolución. También podrás guardar estas imágenes en tu mente para que luego puedas sacarlas y verlas cuando sea necesario. Sin embargo, esta es una etapa que sólo te llegará a través de semanas de práctica, pero si te mantienes fiel a ella, llegará.

PASO 7: Ordena las Imágenes

Esta es la última etapa y la que toda persona clarividente espera alcanzar. En esta etapa, podrás canalizar tus imágenes en una bola de cristal. Por lo tanto, estas imágenes no permanecerán como imágenes, sino que se convertirán en una secuencia e incluso en una imagen en movimiento en algunos casos. Este es un proceso que puede tomar meses o incluso años, dependiendo de cuánto te hayas concentrado en el proceso y hayas trabajado para él prácticamente. Sin embargo, no te imagines que esto sucederá el día que empieces a meditar. Este es un proceso gradual que toma tiempo pero que vale la pena el fruto que se cosecha al final.

Cómo utilizar la melatonina segregada por el Tercer Ojo

El Tercer Ojo gobierna la intuición, la sabiduría y la clarividencia. Se sienta en el centro de tu frente justo encima de tus ojos y se asocia con el color índigo.

Un sexo increíble ocurre cuando nos damos permiso para confiar en nuestra intuición y conectarnos en un nivel más profundo más allá de lo que es visible en el reino físico. Cuando el Tercer Ojo está claro, podemos encontrarnos fluyendo en armonía con nuestras parejas sexuales, pero cuando está bloqueado, podemos dificultar alcanzar este grado de intimidad.

Como he discutido anteriormente, la glándula peniana segrega melatonina que mejora las funciones cognitivas. Antiguamente se sabía que la melatonina causaba que las pieles de los anfibios se blanquearan, pero sus funciones en los mamíferos permanecieron inciertas hasta que los descubrimientos de las investigaciones de los años setenta y ochenta sugirieron que regulaba tanto los ciclos de sueño como los cambios hormonales que introducen la madurez sexual durante la adolescencia.

La producción de melatonina de la glándula pineal varía tanto con la hora del día como con la edad; la producción de melatonina aumenta dramáticamente durante las horas nocturnas y disminuye durante el día, y los niveles de melatonina son mucho más altos en los niños menores de siete años que en los adolescentes y aún más bajos en los adultos.

La melatonina aparentemente actúa para evitar que el cuerpo de un niño experimente maduración sexual, ya que las hormonas sexuales como la luteotropina, que juegan un papel en el desarrollo de los órganos sexuales, emergen sólo después de que los niveles de melatonina han disminuido.

Esta hipótesis está apoyada por el hecho de que los niños con tumores de la glándula pineal a menudo alcanzan la madurez sexual inusualmente temprano en la vida, presumiblemente porque la producción de melatonina de la glándula pineal se ha visto obstaculizada.

La melatonina también parece desempeñar un papel importante en la regulación de los ciclos del sueño; los sujetos de prueba inyectados con la hormona se vuelven somnolientos, lo que sugiere que el aumento de la producción de melatonina coincidente con la caída de la noche actúa como un mecanismo fundamental para hacer a las personas somnolientas. Con el amanecer la glándula pineal deja de producir melatonina, y la vigilia y el estado de alerta aparecen.

El alto nivel de producción de melatonina en los niños pequeños puede explicar su tendencia a dormir más tiempo que los adultos.

Sin embargo, es interesante observar aquí que, en mamíferos distintos de los humanos, la melatonina posiblemente actúa como un taco de reproducción y apareamiento, ya que se produce en mayores cantidades en respuesta a las noches más largas de invierno y menos durante el verano.

Los animales que programan su apareamiento o reproducción para que coincida con estaciones favorables (como la primavera) puede depender de la melatonina.

He aquí cinco beneficios de la melatonina para los seres humanos, además de una buena noche de sueño:

Más melatonina, menos PMS

Si eres una mujer y sufres del síndrome premenstrual, a menudo puedes encontrarte en una situación extraña en la que te estás arrancando el pelo sin razón alguna. Si ese es el caso, revisa tus hábitos de sueño. Un estudio realizado por diferentes investigadores ha demostrado que los bajos niveles de melatonina juegan un papel en el trastorno disfórico premenstrual (TDPM), o el buen PMS antiguo. Sin embargo, si piensas que estás de mal humor por sólo UNA semana del mes, piénsalo de nuevo. Lo más probable es que los cambios hormonales en tu estado de ánimo hagan que la gente corra para cubrirse, incluso durante el mes, sin importar dónde esté la luna o tu período.

Detén los Relojes

Sí, efectivamente. La melatonina puede detener eficazmente el reloj de envejecimiento e incluso ¡hacer que retroceda! Aunque el proceso no se ralentiza en gran medida, sí se ralentiza lo suficiente como para que te sientas saludable y mantengas tu piel radiante y fresca. Eso es bueno, ¿verdad?

Manténgase Delgado

La melatonina te ayudará a mantenerte delgado. El proceso es bastante simple y muy sencillo. Lo que sucede es que duermes lo suficiente y por lo tanto no anhelas los azúcares que de otro modo te gustarían para mantenerte despierto. Por lo tanto, esto te mantendría activo y te quemaría la grasa mientras que te evitaría consumir más y así aumentarías el tamaño de tu cinturón.

Deshazte de las migrañas

Si te quedas despierto hasta muy tarde con demasiada frecuencia, es probable que tengas migrañas. La melatonina puede ayudar a reducir significativamente estas migrañas. Una investigación realizada encontró que "Tres mg de melatonina fueron más efectivos que el placebo y tuvieron una eficacia similar a la de 25 mg de amitriptilina, un auxiliar del sueño y antidepresivo común. Además, fue mejor tolerada que la amitriptilina, con menores tasas de somnolencia diurna y sin aumento de peso". Esto significa que incluso con un buen sueño a través de la meditación, se pueden evitar las migrañas por completo. Concéntrate en abrir tu Tercer Ojo para mejorar las secreciones de melatonina.

Deshazte de una tiroides lenta

Cuando no duermes lo suficiente, tu cuerpo reduce MUCHO la velocidad. Esto también implica la producción de melatonina. Esto puede conducir a graves trastornos de la tiroides que pueden promover la obesidad y ralentizar el metabolismo en su cuerpo. Mantenga un control sobre esto recibiendo suplementos de melatonina, así como dormir lo suficiente.

La investigación ha demostrado que la melatonina no sólo disminuye la depresión y la grasa del vientre, sino que también ayuda a mejorar el metabolismo y la productividad general. Abre tu Tercer Ojo para obtener todos estos beneficios gratis y sin los efectos secundarios dañinos de los suplementos.

Capítulo 14:
Activar el Tercer Ojo a través de la Purificación Corporal

Existe un concepto erróneo sobre el Tercer Ojo que frecuentemente impide que muchas personas lo activen y accedan a todos sus poderes ocultos. Esta idea errónea es que el Tercer Ojo solo puede ser activado a través del yoga y la meditación. Recuerda, el Tercer Ojo no está basado en la mística, no es un concepto abstracto. El Tercer Ojo es una parte metafísica de tu cuerpo que tiene un impacto real en tu salud física, particularmente en tu glándula pineal. Puede que no posea presencia física, pero tiene un efecto en tu bienestar físico.

Esto significa que tu Tercer Ojo no necesariamente tiene que ser activado usando activadores espirituales. También puede activarse a través de alteraciones en su ser físico, particularmente actividades que mejoran el funcionamiento de la glándula pineal. De hecho, aplicar técnicas físicas que abren tu Tercer Ojo podría ayudarte a implementar técnicas espirituales más efectivamente. Esencialmente estarías lavándote las manos dos veces; hacerlo sólo las hará el doble de limpias, ¡así que por qué no hacerlo! Para ayudarte a activar tu chakra usando alteraciones naturales y físicas en tu estilo de vida, lo que sigue es una lista de cosas que puedes hacer.

Evita el fluoruro

El fluoruro no es nada bueno para ti, eso es seguro. Consumirlo en realidad impide que el calcio fortalezca tus huesos, así que deberías evitar este químico desde una perspectiva puramente médica. El fluoruro también daña tu glándula pineal, lo que significa que consumir fluoruro te hará extremadamente difícil activar tu Tercer Ojo sin importar cuánto medites. Por lo tanto, con el fin de evitar que tu meditación se desperdicie, es altamente recomendable que evites el fluoruro en todas las cosas, desde los alimentos que consumes hasta el agua en la que te bañas.

Esto puede parecer difícil al principio. Después de todo, muchas ciudades han comenzado a fluorizar el agua para asegurar que los niños reciban fluoruro para fortalecer sus dientes. Esta política equivocada te obligará a consumir mucho flúor. Lo mejor que puede hacer es instalar un sistema de filtración de agua. Se lixiviará todo el fluoruro de tu agua, ¡eliminando así una gran cantidad de fluoruro de tu dieta diaria! Por supuesto, el primer paso que debe tomar es eliminar completamente la pasta dental con flúor de su rutina diaria.

Dejar de hacer estas cosas que se han convertido en una parte importante de tu vida diaria será difícil, y conseguir un sistema de filtración de agua instalado será costoso y consumirá mucho tiempo, pero créeme cuando digo que te beneficiará mucho a largo plazo. Comenzarás a ver resultados casi instantáneamente, a medida que tu meditación se haga más efectiva a medida que tu cuerpo se acostumbre a no tener flúor. Cuando empieces a sentir la fuerza y la sabiduría de tu

Tercer Ojo fluyendo a través de ti, ¡te darás cuenta de que todo el esfuerzo que tuviste que poner para cortar el fluoruro de tu vida realmente valió la pena!

Apuesta por la Fuente

Como ya se ha mencionado, la glándula pineal tiene mucho que ver con el Tercer Ojo y viceversa. Por lo tanto, la lógica dicta que si alteras tu rutina para mejorar el funcionamiento y la salud de tu glándula pineal estarás mejorando la efectividad de tu meditación y yoga también. Hay varias técnicas que puedes usar para mejorar el funcionamiento de tu glándula pineal, muchas de las cuales no requieren que practiques ninguna forma de yoga o meditación.

Una buena manera de mejorar el funcionamiento de la glándula pineal es empezar a consumir estimulantes y desintoxicantes de la glándula pineal. Estos estimulantes y desintoxicantes son esencialmente productos químicos y oligoelementos que están presentes de forma natural en varios alimentos. Tu cuerpo puede utilizar estos productos químicos y nutrientes para mejorar específicamente el funcionamiento de la glándula pineal, facilitando así la activación del Tercer Ojo. Existe una amplia variedad de nutrientes y productos químicos que pueden ser considerados potenciadores y desintoxicantes de la glándula pineal.

Estos incluyen:

Clorela

Algas verde-azules

Zeolita

Hydrilla Verticillata

Espirulina

Yodo

Zeolita

Ginseng

Aceite de hígado de raya azul

Clorofila

Arcilla Bentonita

Vitamina D3

Bórax

Puedes consumir muchos de estos estimulantes por tu cuenta. La clorofila, por ejemplo, puede comprarse por separado y consumirse como cualquier otro suplemento. Lo mismo ocurre con el aceite de hígado de raya azul y muchos otros estimulantes en esa lista. Otros estimulantes se pueden encontrar en varios alimentos. El yodo, por ejemplo, puede consumirse utilizando sal de yodo en lugar de sal de mesa normal. La vitamina D3 se puede encontrar en la leche. Alterar tu dieta para incluir estos suplementos realmente puede mejorar tu nivel de activación para el Tercer Ojo.

Desintoxica tu cuerpo

La activación del Tercer Ojo no se basa únicamente en oligoelementos y suplementos. Hay alimentos que puedes comer que cubren una amplia gama de nutrientes que mejoran el funcionamiento de la glándula pineal y, como resultado, te ayudan a activar tu Tercer Ojo de una manera más eficiente también.

Hay varios alimentos especiales que puedes incorporar en tu dieta que te ayudarían a activar tu Tercer Ojo. La gran mayoría de estos alimentos funcionan desintoxicando tu cuerpo, haciendo así más fácil que tu prana fluya a través de ti y llegue a tu Tercer Ojo. Recuerda, un cuerpo tóxico no es un ambiente propicio para el crecimiento espiritual. Tu prana necesita una red limpia de caminos dentro de ti para poder viajar a tus chakras. Por lo tanto, una de las mejores maneras en que puedes activar tu Tercer Ojo es desintoxicando tu cuerpo usando estos alimentos.

Una excelente comida, o bebida técnicamente, que puedes consumir es el vinagre de sidra de manzana. El vinagre de sidra de manzana crudo funciona mejor porque no posee ningún aditivo que limite su eficacia. El vinagre de sidra de manzana limpia tu cuerpo de toxinas de una manera extremadamente eficiente, así que consumir dos cucharadas al día, una después de despertar y otra, justo antes de dormir, puede hacer mucho para desintoxicar tu cuerpo.

Hay otra poción mágica que puedes beber para desintoxicar tu cuerpo de una manera muy eficiente. Esta "poción mágica" es el jugo de la baya de noni. Este jugo es delicioso y extremadamente bueno para la salud, pero es muy fuerte, así que no tome más que unas pocas cucharadas al día. Recuerda, demasiado de algo bueno puede ser peligroso.

Incorpora Aceites Saludables

La práctica tradicional del yoga implica el uso intensivo de aceites. Los aceites poseen productos químicos desintoxicantes en concentraciones extremas siempre y cuando hayan sido fabricados en un ambiente puro y libre de toxinas. Por lo tanto, la incorporación de estos aceites en su vida diaria puede ayudarte a entrar en un estado de profundo bienestar espiritual y así activar tu Tercer Ojo. El uso de estos aceites estimula grandemente el flujo de prana en tu cuerpo, y un rápido flujo de prana llegando a tu Tercer Ojo significa que este comenzará a activarse, llenándote con el conocimiento de vidas pasadas y la sabiduría universal que es inherente a toda la humanidad.

Lavanda, sándalo, incienso, perejil, aceites derivados de todos estos productos pueden ser muy beneficiosos para cualquier persona que desee activar su Tercer Ojo. Trata de añadirlos a tu agua de baño, bañándote y absorbiendo su calor y meditando inmediatamente después. Vas a sentir que todos los obstáculos, que normalmente sentirás, se desvían de tu camino. Esto se debe a que una de las cosas más importantes que estos aceites hacen es que relajan tus músculos y alivian cualquier dolor que puedas tener. Eliminar las distracciones físicas de tu propio cuerpo dejará tu mente libre para vagar por el camino de la iluminación.

Estos aceites son tan poderosos que usarlos durante la meditación puede permitirte realizar hazañas como la proyección astral. Si quemas estos aceites en un nebulizador mientras meditas, puedes encontrarte conectado a una conciencia cósmica. Muchas personas que usan estos aceites regularmente reportan que sienten una desconexión de sí mismos y una reconexión con un poder mayor. Esto a menudo implica una separación completa del cuerpo y la conciencia, y algunas personas incluso informan haber visto imágenes increíbles de sistemas planetarios y vidas pasadas.

Utiliza el Sol

La energía que la tierra recibe del sol es extremadamente poderosa. La creencia tradicional hindú afirma que el sol es la manifestación física de Dios en esta dimensión, un tipo de representación que de alguna manera es concebible por nuestras frágiles mentes. El sol da vida a todo lo que hay en nuestro planeta, incluyéndonos a nosotros, así que hay mucha credibilidad en esta creencia.

El uso de la energía que proporciona el sol puede ser extremadamente útil para tus esfuerzos por activar el Tercer Ojo. Hay varias maneras en las que puedes usar la energía solar para activar tu Tercer Ojo y aumentar el flujo de prana dentro de tu cuerpo. La primera y más obvia es, por supuesto, tomar el sol. Tu cuerpo puede absorber la energía solar a través de tu piel sin que tengas que hacer ningún esfuerzo extra. El uso más efectivo de la energía solar de esta manera es hacer yoga a la luz del sol.

El yoga aumenta el flujo de prana dentro de tu cuerpo, así como la absorción de energía solar a través de tu piel. Por lo tanto, hacer yoga mientras tomas el sol es una manera extremadamente eficiente de dirigir el prana de tu red espiritual interna hacia tu Tercer Ojo. También puedes meditar mientras tomas el sol después de haber completado tu rutina de yoga. El yoga hace que el prana fluya a través de tu cuerpo, la energía solar aumenta el flujo del prana y a través de la meditación puedes dirigir tu prana a tu Tercer Ojo.

La energía del sol es más poderosa al amanecer y al atardecer, lo cual funciona maravillosamente a tu favor porque en estos momentos es cuando el calor del sol es menos sofocante. Puedes aprovechar esta oportunidad para mirar el sol también durante los primeros quince minutos del amanecer y los últimos quince minutos del atardecer para dirigir la energía solar a través de tus nervios oculares hacia tu Tercer Ojo.

Incorpora Cánticos en tu Meditación

Hay mucho escepticismo incluso en la comunidad espiritual con respecto a los cánticos. Muchas personas simplemente no entienden el propósito del cántico, y creen que es solo una práctica sobrante de una antigua religión que ya no es relevante. Lo que estos escépticos no se dan cuenta es que esta antigua religión había descubierto verdades sobre nosotros mismos que la ciencia apenas ha comenzado a comprender.

Por lo tanto, es lógico asumir que el cántico tiene un efecto tangible en nuestros cuerpos. De hecho, esta suposición es realmente correcta. El cántico es esencialmente un sonido zumbido que se origina en nuestras cuerdas vocales y que se libera del cuerpo a través de la nariz, siempre y cuando se cante correctamente y se mantenga la boca cerrada. El sonido se crea a través de vibraciones, así que cuando cantas estás causando vibraciones a través de la resonancia en toda tu cavidad nasal y en toda la parte frontal de tu cara.

Esto hace que el hueso del tetraedro vibre. Cuando el hueso tetraédrico vibra, se estimula la glándula pineal, lo que, por supuesto, ayuda a activar el Tercer Ojo. De hecho, las hormonas que se liberan cuando cantas realmente te ayudan a mantenerte joven por dos razones. Primero, tu Tercer Ojo es activado y el flujo de prana dentro de tu cuerpo es regulado.

Esto naturalmente retrasa el proceso de envejecimiento porque su cuerpo es capaz de soportar mucho más desgaste. La segunda razón es que las hormonas liberadas durante el canto realmente ayudan a tu cuerpo a regular las varias funciones que debes realizar para mantenerte vivo. Cuando estas funciones se vuelven más eficientes, tu cuerpo ya no está tan estresado como antes y, como resultado, el proceso de envejecimiento se ralentiza automáticamente. ¡Así que hazte un favor e incorpora esos cantos en tu meditación!

Usa Cristales

Los cristales son una forma extremadamente importante y útil para alinear los chakras y activar el Tercer Ojo. Ellos ajustan las frecuencias de tu prana sintonizando tu ser físico con las vibraciones del universo, por lo tanto, te permiten comulgar con la conciencia cósmica y ver dentro del alma del universo. Es una manera verdaderamente única de experimentar a Dios, y es una solución altamente recomendada si te sientes deprimido o deprimido de alguna manera.

Amatista, sodalita y rodonita son grandes opciones si vas a empezar a usar cristales para activar tus chakras. Funcionan proporcionando energía al Tercer Ojo a través de la glándula pineal. Actúan esencialmente como lupas, proveyendo la energía que estás dirigiendo hacia tu Tercer Ojo con una especie de catalizador que purifica la energía y la hace más agradable para tu cuerpo.

Recuerda, la energía que estás absorbiendo a veces puede ser impura o inmunda, y como resultado podrías enfermarte. La mejor manera de limpiarlo es canalizándolo a través de cristales.

Puedes usar cristales para ayudarte en tu búsqueda de la activación de tu Tercer Ojo recostado sobre tu espalda y colocando el cristal entre tus dos ojos físicos, esencialmente donde se supone que debe estar tu Tercer Ojo. Medita durante unos quince minutos mientras el cristal está sobre tu cabeza, y trata de hacerlo bajo la luz del sol.

Ya sabes cuán poderosa es la energía solar, ¡imagina cuán efectiva será si se magnifica a través de cristales sanadores! Si mezclas cánticos en tu meditación, tendrás una manera increíblemente eficiente de activar tu Tercer Ojo y finalmente conocer a tu guía espiritual.

Usa imanes

Los imanes son un activo que a menudo se pasa por alto en el mundo de la meditación. La gente es muy aficionada al uso de cristales, pero por alguna razón los imanes no poseen el mismo tipo de atractivo. Sin embargo, ¡es altamente recomendable que intente usar imanes simplemente porque son increíblemente efectivos!

Los imanes funcionan descalcificando el Tercer Ojo. Puede que no te des cuenta, pero el haber estado inactivo por tanto tiempo ha oxidado mucho tu Tercer Ojo. Imagínate que, si no conduces tu coche durante décadas, ¡sería un milagro si funcionara sin que tuvieras que hacer reparaciones serias!

Los imanes también funcionan al filtrar la acidez del área donde han sido colocados. La acidez es el veneno del prana, así que si quieres lograr un flujo consistente necesitarás cortar toda la acidez de tu cuerpo. Los imanes te permiten hacer esto de una manera muy eficiente haciendo que el área sobre la cual han sido colocados sea alcalina.

Para poder usar imanes, debes colocar el imán en tu Tercer Ojo de manera similar a como colocarías un cristal. Donde un cristal magnificaría la energía que estás canalizando a tu Tercer Ojo, los imanes trabajan limpiando tu Tercer Ojo para hacerlo más receptivo a la energía. No necesitas meditar durante este procedimiento, de hecho, se recomienda que no lo hagas. Deja que el flujo de energía se mantenga quieto a medida que tu Tercer Ojo se purifica.

Hacer esta terapia bajo la luz del sol duplicará su efectividad. La energía solar es un gran catalizador, lo que significa que, si te acuestas bajo el sol con un imán en la frente, ¡te será mucho más fácil abrir el Tercer Ojo!

Elimina los Ácidos de tu Dieta

Como se menciona en la sección anterior, los ácidos son muy malos para tu prana. Esto se debe a que hacen que todo tu sistema interno se ralentice, interrumpiendo así el flujo de energía. De alguna manera, hacen que los caminos, o canales más bien, que tu energía usa para viajar mucho más pequeños. Esto significa que menos energía pasa y que surgen bloqueos.

Para evitar que esto suceda, obviamente necesitas eliminar el ácido de tu cuerpo. Los imanes te ayudan a hacer esto, pero también ayudaría si no consumes ácidos en primer lugar. Eliminar los ácidos de tu dieta, por lo menos donde sea posible sin dañar tu salud, aclarará los caminos para que tu prana fluya.

Recuerda, no importa cuánto medites si tus caminos no están claros, simplemente no podrás obtener los mismos resultados. De hecho, si meditas sin aclarar primero los canales de prana, probablemente terminarás causando un bloqueo mayor.

Esto es muy peligroso, ya que puede causar algunos problemas de salud graves. Demasiado prana acumulado en un área de tu cuerpo puede causar sobre estimulación de tus glándulas endocrinas, causando condiciones como el hipertiroidismo.

Por lo tanto, si vas a empezar a meditar para activar tu Tercer Ojo, asegúrate de pasar algún tiempo quitando los ácidos de tu dieta y de tu cuerpo. Será más saludable para ti a largo plazo, y ite ayudará a hacer el proceso de activar tu Tercer Ojo mucho más fácil!

Sé Diverso

Estos consejos son bastante generales, lo que significa que pueden ser seguidos por prácticamente cualquier persona. Sin embargo, no es raro que las personas con ciertos requisitos espirituales específicos obtengan resultados poco satisfactorios de muchas de estas técnicas.

Esto se debe a que cada persona tiene una constitución física y espiritual diferente. Algunas personas simplemente no tienen la energía espiritual para poder activar el Tercer Ojo sin usar cristales. Para otras personas, el uso de cristales causa sobre estimulación y una gran cantidad de molestias como resultado. Sólo recuerda que ninguna de estas técnicas está grabada en piedra. Algunas funcionarán para ti, otras no, y si estás experimentando dificultades, recuerda que no es tu culpa.

Prueba diferentes cosas, sé flexible con tus hábitos meditativos y antes de que te des cuenta habrás hecho grandes progresos en tu búsqueda para activar tu Tercer Ojo.

Capítulo 15:
¿Por qué debes activar
tu Tercer Ojo?

La pregunta más válida que puedes hacer durante todo el proceso de activación de tu Tercer Ojo y de contacto con los espíritus que te pueden guiar es ¿por qué? ¿Por qué debes poner todo este esfuerzo en activar un ojo que no tiene presencia física en tu cuerpo? ¿Qué beneficios puedes obtener de toda esta meditación y yoga? ¿Qué beneficios te dará tu Tercer Ojo?

Si te estás haciendo estas preguntas, debes saber que estás pasando por una fase muy importante en tu viaje espiritual. Si te pierdes a través de tu despertar espiritual puede que no hayas hecho las cosas bien, porque para despertarte completamente a la conciencia cósmica tu Tercer Ojo te conecta a ti, debes entender por qué estás activando tu Tercer Ojo en primer lugar.

Entender el por qué te ayuda a entender las implicaciones de la tarea que estás llevando a cabo. Esto te permitirá hacer el esfuerzo necesario y comprender las consecuencias de lo que sucederá si eres capaz de activar con éxito tu Tercer Ojo. He aquí una lista de razones que le ayudarán a entender por qué estás en este viaje. ¡La conexión de tu Tercer Ojo con tu guía espiritual juega un papel importante en todas estas razones!

Descubre tu propósito

Hoy en día, la humanidad es una especie a la deriva. Hemos resuelto el problema de tratar de sobrevivir en un ambiente hostil convirtiéndonos en los dueños de ese ambiente. Una vez que la supervivencia ya no era un problema, nos propusimos hacer la adquisición del lujo lo más fácil posible. Hicimos nuestras vidas tan fáciles como pudimos. Ahora estamos conectados el uno con el otro a través de la tecnología, pero hemos perdido nuestro sentido del yo. En este mundo de espejos negros hemos perdido la capacidad de vernos a nosotros mismos.

Esto se debe a que ya no sentimos que tenemos un propósito. Sin embargo, lo que mucha gente no se da cuenta es que todavía podemos descubrir nuestros propósitos como individuos, a pesar de que poco a poco nos estamos convirtiendo en una especie sin dirección. Sin embargo, descubrir el propósito individual es también una tarea difícil de emprender.

Tu Tercer Ojo es infinitamente útil en este sentido. Esto se debe a que tu Tercer Ojo te permite ver el mundo de una manera completamente diferente. Te proporciona tu guía espiritual que puede manifestarse de varias maneras. Puede ser la presencia de sabiduría dentro de tu mente, un sentido de dirección en tu vida o incluso un ser real con el que puedas conversar. Cualquiera que sea la manifestación, este ojo espiritual que despiertas con tu Tercer Ojo puede ayudarte inmensamente a descubrir tu propósito en la vida.

Te permite ver realmente el camino que se supone que debes seguir, y entender cuál es exactamente tu destino. Quizás lo más importante es que te permite entender por qué estás destinado a seguir este camino en particular.

Deja los malos hábitos

Como especie, el ser humano tiende a ser muy miope en el sentido de que solo vemos lo que está justo frente a nosotros. No planeamos más allá del día siguiente, y en muchas situaciones no miramos más allá de los próximos minutos. Esta miopía es una de las mayores razones por las que tenemos tantos malos hábitos.

Fumar es extremadamente malo para nosotros, pero como nos proporciona unos minutos de relajación lo hacemos de todos modos. Por unos pocos minutos de relajación al día reducimos años de nuestra vida. Activar su Tercer Ojo le permite examinar el tiempo de una manera muy diferente.

Generalmente percibimos el tiempo de forma lineal. Activar su Tercer Ojo realmente te permite ver el tiempo como un círculo en lugar de una línea recta. Somos capaces de ver nuestro futuro distante de la misma manera que vemos nuestro futuro inmediato. Si activas tu Tercer Ojo, abandonarás automáticamente todos los hábitos nocivos en tu vida porque verás que el placer momentáneo que proporcionan no vale la pena los efectos dañinos que tienen a largo plazo.

Mejora las relaciones

Esta miopía que poseemos se extiende también a nuestras relaciones. Se ha convertido en una historia muy común donde dos personas que son perfectas el uno para el otro, y que, de hecho poseen mucho amor y respeto el uno por el otro, terminan su relación debido a una pelea. Las emociones que experimentaron durante dicha lucha fueron fugaces, no tuvieron absolutamente ninguna relación con la forma en que la relación progresaría en el futuro, sin embargo, debido a esta lucha mezquina una hermosa relación ha llegado a su fin.

También hay varias situaciones en las que puedes sentir que simplemente no sabes cómo arreglar tu relación. Puedes sentirte inseguro acerca de ti mismo, como si no fueras lo suficientemente bueno para estar en una relación con tu pareja. Es posible que estés haciendo infelices a las personas que amas y no sepas cómo arreglar tu comportamiento. También pueden existir varias situaciones en las que las personas que amas pueden estar tratándote mal pero no deseas dejarlas porque estás acostumbrado a su presencia.

Activar su Tercer Ojo le da una visión mucho más completa de tu propia vida. Eres capaz de ver tus propios defectos, así como la forma en que estos defectos están afectando a quienes te rodean. Otra manera importante en la que tu Tercer Ojo puede ayudarte a mejorar tus relaciones es que tu guía espiritual te permita ver claramente quién te está lastimando y quién es una mala influencia para ti. Incluso puedes conversar con tu guía espiritual y buscar su orientación.

En definitiva, activar tu Tercer Ojo te da acceso a un ser de sabiduría única. La conciencia cósmica hace que muchas cosas parezcan insignificantes, y la madurez que te sigue conectando con dicha conciencia puede ayudarte a mejorar enormemente tus relaciones.

Conviértete en un experto en negocios

La sabiduría que viene de la activación de tu Tercer Ojo no está solo enfocada en la espiritualidad y el misticismo. Esta sabiduría también tiene usos muy prácticos. Una vez que hayas activado tu Tercer Ojo, encontrarás que también tendrás un mejor ojo para los negocios. Serás mejor en situaciones de negocios, así que, si siempre has querido ser un empresario, es una buena idea que actives tu Tercer Ojo y obtengas una enorme cantidad de perspicacia en los negocios como resultado.

Conviértete en más auto-aceptable

Todo el mundo se siente como si valiera menos de lo que realmente vale. Tal vez eres un poco torpe en los entornos sociales, tal vez no eres tan talentoso como quieres ser. Sin embargo, todavía eres especial a tu manera, posees energía que se ha unido específicamente para formar el ser que eres tú.

Activar tu Tercer Ojo te permite entender esto porque te muestra que todo el mundo tiene inseguridades. Puedes ver a las personas por lo que piensan de sí mismas aparte de lo que tú puedas pensar de ellas, y esto te dará una gran visión de cómo funciona la autoestima. Además, hay pocos seres tan perspicaces y solidarios como los guías espirituales, ¡especialmente cuando te sientes deprimido o tienes baja autoestima!

Logra tus metas

Habrá varias veces en el curso de tu vida donde simplemente no tendrás ninguna motivación. Tendrás metas que quieres lograr, todo el mundo tiene metas de una u otra forma, pero simplemente no puedes lograr estas metas por varias razones.

Podrías pensar que no eres lo suficientemente bueno, o que un obstáculo al que te enfrentas es demasiado difícil de superar. Activar tu Tercer Ojo expande tu mente de tal manera que serás capaz de encontrar soluciones a cualquier problema que puedas enfrentar. Alcanzar tus metas se vuelve infinitamente más fácil después de haber activado tu Tercer Ojo, especialmente porque ahora tendrás un guía espiritual para pedir consejo.

Hazte más decisivo

Para llegar a ser un individuo consumado es importante que seas decisivo. Sin embargo, ser decisivo a veces no es tan fácil como parece. A veces tendrás que tomar decisiones extremadamente difíciles, especialmente cuando te enfrentas a decisiones en las que todas y cada una de las decisiones que tomes terminarán cambiando irrevocablemente tu vida.

Es en estas situaciones donde la decisión es el mejor curso de acción. Tomar una decisión y apegarse a ella te permite ahorrar tiempo valioso y ser proactivo para resolver los problemas de tu vida. Activar su Tercer Ojo le permite tomar decisiones más rápidamente porque podrá determinar el resultado de cada decisión de una manera más precisa. ¡No tener que mirar el tiempo, como una línea recta puede ser muy útil a veces!

Sé más feliz

En nuestra búsqueda de propósito y logro a menudo nos quedamos totalmente confundidos por un aspecto muy importante de nuestro bienestar: la felicidad. Buscamos el propósito y tratamos de lograr las cosas que hacemos supuestamente porque sentimos que nos harán felices. Sin embargo, probablemente ya te habrás dado cuenta de que la vida moderna te hace todo menos feliz.

Activar tu Tercer Ojo no te hace exactamente feliz. En cambio, te hace contento. Te vuelves consciente de la presencia de una conciencia mucho más allá de la tuya y empiezas a darte cuenta de cuán insignificantes son muchas de las cosas por las que eres infeliz. La alegría es la forma más verdadera de felicidad, y es el tipo de felicidad que obtienes al activar tu Tercer Ojo.

Sana Tu Ser Espiritual

Hemos eliminado virtualmente la gran mayoría de las enfermedades que alguna vez causaron estragos en la raza humana gracias a la medicina moderna. Ahora vivimos más tiempo, pero al mismo tiempo hemos ignorado un aspecto muy importante de nosotros mismos: nuestros espíritus.

Aunque nuestros cuerpos se han vuelto sanos y somos capaces de vivir una vida más larga, nuestros espíritus permanecen enfermos porque buscamos la felicidad en las drogas y en el entretenimiento sin sentido. Activar tu Tercer Ojo también te permite sanar tu ser espiritual. Como resultado, vivirás una larga vida llena de satisfacción en lugar de la lucha constante para llenar el vacío dentro de tu alma.

Crece espiritualmente

A medida que nos conectamos más y más entre nosotros a través de la tecnología, hemos comenzado a desconectarnos cada vez más con el concepto de nuestra alma. Hubo una vez un tiempo en el que el alma era la parte más importante de la existencia de la persona, era una cosa que debía ser constantemente alimentada y apreciada.

Activar tu Tercer Ojo te permite crecer de una manera espiritual. Te permite mirar profundamente dentro de tu alma y encontrar el propósito de tu existencia, permitiéndote así alinear la vibración de tu alma con la vibración del universo, lo cual te permite lograr la última entrada en esta lista.

Conéctate con un Poder Superior

Una vez que tu Tercer Ojo sea activado, tu prana fluirá a través de ti con facilidad y estarás alineado con tu espacio en el universo. Inmediatamente sentirás una conexión con algo más grande que tú.

Esta entidad a la que estás conectado tiene muchos nombres. Algunos lo llaman Dios, otros lo llaman conciencia universal. Cualquiera que sea el nombre que elijas, te hará sentir completamente igual a toda la vida en el universo. Sentirás un profundo sentido de bienestar espiritual, y te darás cuenta de que tu vida no es más que una pequeña pieza de un increíble mosaico de vida que está compuesto por seres igualmente iluminados esparcidos por todo el universo.

Una vez que estés en sintonía con tus hermanos y hermanas espirituales nunca te sentirás solo. Por el contrario, vas a sentir su presencia y apoyo por el resto de tu vida.

Capítulo 16:
Formas no convencionales
de abrir el Tercer Ojo

Los métodos convencionales para abrir el Tercer Ojo incluyen el yoga, el ayuno, la meditación sobre la glándula pineal y las drogas psicotrópicas. Sin embargo, estos no son los únicos métodos disponibles para abrir el Tercer Ojo. Estos requieren buena salud y deben hacerse con moderación. Este capítulo aclara cómo se puede abrir el Tercer Ojo a través de seis métodos poco convencionales. A continuación, se muestra un breve resumen de cómo puedes hacerlo.

1. *Humo del Dragón*: Uno de los métodos poco convencionales a través de los cuales puedes abrir tu Tercer Ojo es a través de la búsqueda del humo del dragón. Ir de un mundo a otro mentalmente se conoce como buscar el humo del dragón o como los chinos lo llamaban "montar en dragones". Esto ocurrió cuando los escritores y poetas chinos dieron un salto en sus obras escritas debido a la inspiración. Esto también se atribuye a los largos mechones de humo flotante en el centro de las obras de arte. Esto denota la transferencia de la mente de las partes conscientes del cerebro a las partes inconscientes del cerebro. En términos simples, saltar es trazar mapas de territorios de aguas conocidas a aguas desconocidas y viceversa. La búsqueda del humo del

dragón suele referirse a la búsqueda del conocimiento. Este conocimiento se refiere a la iluminación que uno recibe al abrir el Tercer Ojo y por lo tanto difumina las líneas entre lo finito y lo infinito. Los chinos se refieren a este proceso como el aprendizaje del conocimiento de los dioses porque uno está montando un dragón y disolviéndose en la verdad desconocida sobre el universo. Uno puede hacer esto usando colores, música e incluso arte. Las frecuencias de la música pueden llevar a nuevas dimensiones, viendo el mundo desde una nueva perspectiva. El sentido estético de la vista y la comodidad de los colores pueden llevarnos a un mundo más profundo que normalmente está escondido dentro de nosotros. Montar el dragón nos hace mirar más profundamente, comprender más a fondo y leer entre líneas. Nos da una sensación de claridad. Una vez que entramos en este reino, somos capaces de reunir información, buscar significado y entender la verdad sobre nosotros mismos. Así que es una buena idea zambullirse y sumergirse profundamente en tu propia mente y cuando despiertes el Tercer Ojo serás capaz de comprender las cosas de una manera más profunda. Esta no solo será una experiencia interesante sino también enriquecedora.

2. *Inapropiado para todo*: Lo que esto significa es que te despojas de todo el conflicto, la confusión y los problemas que acosan tu mente y te relajas. Esto te dará una sensación de liberación. La iluminación y la liberación a menudo se equivocan al transformarte en algo, pero esta visión es en gran parte defectuosa. Tiene más que ver con dejarte ir y canalizar tu ser auténtico de una manera más positiva. Todos nosotros tenemos varias capas y estas capas son barreras que formamos y que a menudo nos hacen llevar vidas muy complicadas.

Despojándonos de nuestras capas y haciéndonos más simples, encontraríamos alegría en todo. Nuestra personalidad multifacética a menudo nos ha asfixiado y es en parte la razón por la que somos incapaces de abrir nuestro Tercer Ojo. Al deshacernos de las capas innecesarias que forman un escudo protector, nos volvemos más vulnerables. Es esta vulnerabilidad la que puede abrir el Tercer Ojo. Nuestra personalidad es muy similar a la de una serpiente Kundalini. La serpiente Kundalini vierte su piel con cada chakra. Con cada capa que se desprende, la serpiente se fortalece y se vuelve capaz de aprovechar y canalizar la energía interior que posee. Con cada capa de piel que la serpiente Kundalini vierte, es capaz de regenerarse y se convierte en una versión mejor y más iluminada de sí misma. Nosotros también podemos adoptar esta técnica y deshacernos de las capas y barreras no deseadas que construimos alrededor de nosotros mismos. Esto nos llevará a desahogarnos y a liberar nuestras mentes de asuntos insignificantes. Despojándonos de cada capa con el tiempo seríamos capaces de abrir nuestro Tercer Ojo, a menudo cegado por nuestra capa social, nuestras fachadas pretenciosas y nuestros prejuicios entre muchos otros.

3. *Ve el mundo a través de una nueva perspectiva*: Estamos constantemente influenciados por nuestras percepciones. Estas surgen de nuestras experiencias y nuestras circunstancias. Todo lo que vemos tiene un significado oculto o alguna verdad que no podemos ver debido al bloqueo mental que viene con nuestras múltiples capas y nuestras opiniones. Canalizándote para ver el mundo desde un punto de vista apocalíptico, serás capaz de buscar la iluminación y convertirte en una versión superior de ti mismo. Nos enfocamos constantemente en la realidad enseñada, la que nos inculcan

nuestros padres, mentores y maestros. Tomamos sus puntos de vista y somos influenciados por sus perspectivas, que a menudo nos nublan para convertirnos en la persona que estamos destinados a ser. La realidad atrapada es el paisaje en el que nos encontramos. A menudo no elegimos nuestras experiencias y circunstancias, estas se nos ocurren naturalmente y esto se conoce como la realidad atrapada. La última posibilidad es la realidad que no hemos explorado debido a nuestro Tercer Ojo dormido. La realidad es el poder conferido a la naturaleza y está naturalmente presente en nosotros. Esta realidad requiere canalización y nos permite crear un mejor equilibrio entre las realidades que enfrentamos. Somos capaces de percibir mejor y ser más perspicaces. Al ver el mundo en su verdadero sentido en lugar de mirarlo desde un punto de vista optimista o pesimista, seríamos capaces de descubrir la verdad en todo. Esto nos permitirá abrir nuestro Tercer Ojo que nos mostrará el camino que buscamos, nos permitirá alcanzar claridad y nos ayudará a enfocarnos en cosas sustanciales en lugar de perseguir cosas materialistas.

4. *Práctica de la dinámica de Counter Weltanschauung*: Este principio se deriva del mundo alemán Weltanschauung, que se traduce como cosmovisión. Nuestras opiniones son tendenciosas y están distorsionadas, esta es la razón principal por la que no podemos abrir el Tercer Ojo. Tampoco somos conscientes de nuestra ignorancia y estamos indiferentes ante aspectos importantes del universo. Estamos tan atrapados en nuestros mundos con nuestros horarios y prioridades que a menudo perdemos de vista lo que es importante para nosotros. Para abrir nuestro Tercer Ojo necesitamos practicar el arte de ver el mundo desde los puntos de vista opuestos que

tenemos. Esto nos permitirá descubrir cualquier verdad oculta entre las cosas y también nos permitirá salvar la brecha entre lo que es verdaderamente correcto y lo que es incorrecto. Deberíamos empezar por examinarnos a nosotros mismos. Debemos analizar nuestras situaciones, nuestro comportamiento, repensar nuestras percepciones y entender por qué tenemos tales puntos de vista.

Esto se hace a través del autoexamen y la autoevaluación. Entonces, podemos empezar por imaginarnos a nosotros mismos en el punto de vista opuesto. Esto nos permitirá interpretar con precisión. Esto nos hace de mente abierta y amplía nuestros horizontes. Practicando la dinámica de Counter Weltanschauung, somos capaces de desarrollar una visión holística de las cosas. Cuando desarrollamos esto, somos capaces de empatizar con las cosas, sentir fuertemente sobre las situaciones y al mismo tiempo somos capaces de introspección sobre nuestro verdadero yo. Esto abrirá nuestro Tercer Ojo y seremos capaces de tomar decisiones precisas basadas en la verdad y no en nuestros prejuicios. El punto de vista opuesto se sostiene por una razón y es mejor contemplar esto en lugar de simplemente descartarlo, para comprenderse verdaderamente a sí mismo.

5. *Práctica de la dinámica de Faux pas*: Deja de pensar en exceso, de sobreestimarte, de socavarte y de exagerarte a ti mismo, a tus circunstancias y a las personas que te rodean. Mantén la cabeza fría y ábrete a nuevas experiencias. Date cuenta de que las situaciones adversas no durarán ni tampoco la felicidad excesiva. Vive el momento, pero no te dejes llevar. Con el énfasis puesto en los artículos materiales, nos hemos vuelto cada vez más materialistas. Encontramos felicidad en

las cosas en lugar de en las simplicidades. Empieza por no tomarte las cosas tan en serio. Respira y ríe en vez de preocuparte. Empieza a respetar a las personas, a comprenderlas y a conocerlas mejor en lugar de concentrarte solo en ti mismo. Acaba con el egoísmo y los conceptos erróneos. Ábrete a nuevas ideas y comienza a vivir tu vida de la manera que quieras y te encontrarás inmensamente más feliz. Y lo que es más importante, sé humilde y amable con las personas y las experiencias. La sinceridad es la clave y podrás abrir tu Tercer Ojo si te dejas llevar y te experimentas a ti mismo por la persona que eres. Difunde alegría dondequiera que vayas y trata de desarrollar un sentido del humor saludable. Uno que no sea grosero u ofensivo. Si dejas de tomarte tan en serio la religión, la casta y tus ambiciones, podrás expresarte mejor y estar abierto a nuevos retos que te transformarán. Redímete para convertirte en una mejor versión de ti mismo. Discúlpate cuando puedas y dale oportunidades a la gente. Ser indulgente y espiritual en vez de religioso. No dejes que la exageración; la excitación y la depresión se apoderen de tu vida. Todo en la vida es pasajero y una vez que te des cuenta de esto serás capaz de vivir completamente. Ríete ante la adversidad y la seriedad. Sé transparente y honesto. Transfórmate para ser una persona cálida y una persona con la que las demás personas se sientan cómodas. Esta es una manera segura de dejarte llevar y dejar que las opiniones de los demás te influyan. Esta es una forma segura de abrir tu Tercer Ojo.

6. *Práctica de la Sabiduría Loca*: Al practicar la sabiduría loca, lo que queremos decir es encontrar ese puente entre la madurez y la juventud. Ser capaz de diferenciar entre los extremos y encontrar el equilibrio y permanecer en ese punto

medio. Leer y contemplar. Desarrolla tu entendimiento sobre las cosas y mantente en paz contigo mismo. Borra las líneas entre un aficionado y un profesional. Sé visionario, piensa y reflexiona. No pienses en el pasado o en el futuro, pero no seas imprudente. Lo más importante es tener convicción. Sé sabio con tus decisiones, pero no pienses demasiado las cosas y al mismo tiempo sé lo suficientemente espontáneo. Encuentra el punto medio entre la moralidad y la inmoralidad. Acepta tus defectos y repara los que creas que necesitan ser reparados. Deja de esforzarte por alcanzar la perfección. Pregunta en lugar de cegarse siguiendo cualquier cosa, ya sea la fe o la religión o incluso una idea. Cuando empezamos a convertirnos en una versión más verdadera y honesta de nosotros mismos, logramos claridad de nuestras identidades. Esto nos dará una comprensión más profunda de nosotros mismos y de cómo somos realmente en nuestros elementos. Nos perdemos en el laberinto de nosotros mismos y somos incapaces de encontrarnos a nosotros mismos. Estamos tan enredados con eventos mundanos que fallamos en experimentar la vitalidad y el momento del presente y por lo tanto perdemos muchas oportunidades que se presentan ante nosotros. Cuando estés en tu elemento experimentarás una especie de elevación que viene con la apertura del Tercer Ojo. Serás recompensado con una convicción más profunda hacia las cosas, una perspectiva fresca y una paz interior. Desarrolla el lado creativo canalizando el lado analítico de tu ser.

Capítulo 17:
Errores que se debes evitar al tratar de aumentar tu intuición

La gente generalmente quiere sentirse bien y tener una transición suave entre los reinos. Muchos se quejan de dificultad, desorientación y naturalmente quieren sentirse mejor. Quieren ser capaces de experimentar el cruce de los reinos fácilmente y entender su propia transición. Esta experiencia no solo se produce de esa manera, sino que requiere esfuerzo. Lo que la mayoría de la gente no se da cuenta es que requiere un equilibrio excelente. Vibraciones y frecuencias son el sello de cada experiencia; vibraciones más altas o más rápidas vienen como resultado del rango de la frecuencia. Si la experiencia o transición llega a una alta frecuencia, puede que nos resulte un poco difícil enfocarnos debido a la vibración más elevada. Esto es lo que nos dificulta verlo con nuestros propios ojos. Aumentar tu intuición te permitirá sentir y ver los movimientos metafísicos que realmente ocurren cuando estás cambiando entre varias realidades. Cuando el Tercer Ojo esté abierto, serás capaz de sentir y entender las cosas con mayor precisión. De la misma manera serás capaz de descomponer las frecuencias y las vibraciones que las acompañan. En esta sección, discutimos cuáles son los errores más comunes cuando tratas de aumentar tu intuición.

1. Renunciar con demasiada facilidad

Uno de los errores más comunes que la gente comete es que se da por vencida con demasiada facilidad. Abrir el Tercer Ojo requiere habilidad, paciencia y tiempo. No sucederá de la noche a la mañana y esperar que suceda pronto es una expectativa poco realista. Piensa en ello como en convertirte en un gran científico o en un bailarín. No obtendrás resultados en un día o unos pocos días, pero practicando constantemente obtendrás los mejores resultados. Reduce tus expectativas porque al principio no podrás ver ángulos y orbes. Las energías metafísicas no se sentirán a menos que te descubras a ti mismo y hagas un punto para practicarlo. Esto es mejor porque si ves el fantasma de la gente de tu vida, estarás severamente intimidado por el resto de tu vida. Mantén la paz contigo mismo y trata de mantener la calma, esto creará vibraciones de energía positiva. Mientras meditas serás capaz de cambiar de energía y entender su movimiento. Tómate tu tiempo para ajustarte a estas frecuencias y sentir estas vibraciones. Practica el arte de dejar ir los resentimientos y las emociones negativas. Además, disfruta de la experiencia y deja de estar demasiado concentrado con sólo los resultados.

2. Aferrarse a los viejos hábitos

Nos aferramos desesperadamente a los malos hábitos y a las emociones negativas y no las dejamos ir. Esto crea un bloqueo y nos impide ver las cosas. Los seres y las energías metafísicas solo pueden ser sentidos si pones tu esfuerzo en vaciar tu mente. Crea una energía armoniosa dentro de ti mismo y mantente en paz contigo mismo. Estos bloqueos que surgen debido a malos hábitos, emociones negativas y malos sentimientos generalmente nublan nuestras mentes y actúan como una venda en los ojos a nuestro Tercer Ojo. Estos bloqueos oscurecen nuestra intuición y al eliminarlos podemos afinar nuestras habilidades mucho mejor. Deja ir las relaciones tóxicas, las que no te hacen sentir positivo y las que a menudo te hacen daño. Elimina las dietas químicas y los productos dañinos de tu dieta. Incorpora opciones más saludables. Deshazte de las incomodidades en casa o en el lugar de trabajo. El ambiente negativo tiene un impacto en tu mente. Erradica todas las experiencias y personas que puedan distraerte de tu vida. Tómate un tiempo para analizar cuáles son las cosas y circunstancias que te estorban y crea bloqueos mentales y lentamente comienza a deshacerte de ellos. También asegúrate de deshacerte de tus percepciones negativas hacia cualquier situación. Mantente abierto al aprendizaje y reduce los conflictos dentro de ti mismo y alrededor de las personas.

3. Consumir demasiada energía

Al tomar energía implicamos que cuando eres empático absorbes la energía de las personas que te rodean. Comienzas a sentir más y empiezas a recoger los sentimientos de otras personas subconscientemente. Cuando estás con gente feliz, te sientes más feliz y relajado; recoges sus buenas vibraciones y buenos sentimientos. Del mismo modo, cuando estás con personas tristes te sientes más deprimido, necesitas que te ayuden y te sientes decepcionado. Cuando empiezas a absorber más energía a tu alrededor, empiezas a estar más exhausto y más involucrado con los asuntos de otras personas. Empieza por conectar a tierra, mantén tu cabeza y tus pies en el suelo y no te dejes llevar por las cosas. Cuando empiezas a sentirte demasiado intenso sobre algo, comienza a canalizar esas emociones en cosas más constructivas. Los niños generalmente tienen mucha energía y esta energía los hace ser hiperactivos. Se mueven demasiado, juegan mucho más y se ríen más que los adultos. Los adultos requieren la misma cantidad de movimiento. Cuando empiezas a canalizar tu intensidad hacia el movimiento trotando, haciendo ejercicio, saltando o practicando un deporte, empiezas a cambiar tu forma de pensar. Te sientes más relajado y empiezas a perder toda la energía extra que has absorbido. Cuando no te sientes con los pies en la tierra empiezas a distraerte a través de formas poco saludables como comer, cargarte de basura no saludable, alcohol, cigarrillos, chismes y demás. Conéctate más con tu ser físico. Ten un entendimiento más profundo hacia ti mismo y concéntrate más en ti mismo que en los demás.

4. Perdiéndose en los Reinos

Meditar es una hermosa manera de alcanzar la paz contigo mismo y dejar ir el resentimiento. Lo que no es meditación es una escapada. La meditación no es una forma de escapar de situaciones y problemas. La mayoría de las personas que meditan están constantemente tratando de buscar la iluminación a través de la espiritualidad. Están tan concentrados en este objetivo que a menudo se ven atrapados en él y, por lo tanto, no obtienen resultados. Todos los seres y energías metafísicas ya están presentes; solo requieren ser sentidos y no vistos. Necesitas reconocer su presencia y estar consciente de ellos en lugar de tratar de hacerte su amigo y convertirte en uno de ellos. Es muy fácil perderse en el mundo metafísico y esto podría tener implicaciones severas cuando se hace mal. Podría distraerte, hacerte perder la concentración y jugar con tu mente. No deberías tratar de vivir la experiencia, sino sentirla y percibirla. Cuando estás demasiado absorto y demasiado atrapado en la meditación no te das cuenta de los resultados porque empiezas a verlo como una oportunidad. Te vuelves ambicioso hacia la meta y empiezas a tratarla como una búsqueda en vez de como algo que uno debería experimentar en su vida. Enfócate en encontrar un equilibrio y buscar energía pacífica en vez de energías positivas o negativas. Haz un esfuerzo para mejorar tu realidad.

Capítulo 18:
Experiencias al abrir el Tercer Ojo

La apertura del Tercer Ojo viene con varias experiencias. Puede que tengas experiencias agradables y algunas inusuales. Algunas incluso pueden ser experiencias negativas. Hay muchas maneras diferentes a través de las cuales sabrás que tu Tercer Ojo está abierto. En esta sección, discutimos las posibles experiencias que enfrentarás cuando pongas tu mente en abrir el Tercer Ojo.

Podrás saber si tu Tercer Ojo está abierto cuando empieces a experimentar las cosas de manera diferente. Por ejemplo, al despertar tu Tercer Ojo, cuando cierres los ojos encontrarás puntos blancos intensos, colores como el azul o el púrpura o incluso el blanco. También podrás ver un cielo oscuro con puntos o estrellas. En ciertos casos verás una forma de ojo que es de color azul o púrpura. En algunos casos, es posible que no encuentres la forma del ojo sino un cuadrado, un triángulo o incluso un círculo de color azul o púrpura.

Cuando estás meditando y enfocándote en el Tercer Ojo, puedes experimentar un cambio de actividad, una vibración o algún tipo de acumulación de presión en tu mente. Esto denota que el Tercer Ojo está en proceso de ser abierto. Cuando comiences a sentir una experiencia fuera del cuerpo sabrás que tu Tercer Ojo está siendo abierto y pronto podrás ver el mundo a través del Tercer Ojo.

Qué esperar después de la apertura del Tercer Ojo

Como se dijo antes, cuando abras o despiertes tu Tercer Ojo, generalmente sentirás algunas experiencias fuera del mundo o inusuales. Esto es más prominente cuando se trata de la visión o la vista. Es posible que te sientas un poco exhausto debido al esfuerzo de la presión. Cuando esto suceda, asegúrate de relajarte y descansar un poco. Cuando abres tu Tercer Ojo, experimentarás imágenes que parpadean en tu mente. Esto se hace más evidente cuando estás cansado. Cuando empiezas a dormir o a relajarte obtienes flashes de varias imágenes. Estas imágenes a menudo están desconectadas y provienen de las diversas dimensiones que existen entre las distintas realidades. Algunas de estas imágenes pueden ser vívidas y claras y podrían tener sentido, mientras que otras podrían ser borrosas o poco claras. Cualquiera que sea tu Tercer Ojo, será capaz de reconocer estas imágenes porque tu Tercer Ojo está más enfocado en la energía y puede sentir las vibraciones mucho mejor. Cuanto más practiques, más pronunciado se vuelve tu Tercer Ojo y podrás darle sentido a estas imágenes. Cuanto más altas sean las frecuencias que experimentes, más pronunciada será tu visión. Esto implica que serán capaces de trascender a través de mundos, reinos y dimensiones fácilmente. Las imágenes borrosas significan que tus poderes metafísicos aún son débiles y necesitan ser trabajados. Cuando sus imágenes empiezan a ser más nítidas y a tomar mejor forma, sabes que estás desarrollando tu Tercer Ojo.

Dimensiones superiores e inferiores

Cuando abres tu Tercer Ojo, también das nuestras vibraciones. Son estas vibraciones las que determinan las imágenes que ves. Si emites bajas vibraciones debido a frecuencias más bajas, entonces llegarás a ver dimensiones y realidades donde las almas que no descansan existen. Estas almas no son almas que han encontrado la paz. Implica que verás a personas que han sido masacradas, asesinadas o que se han suicidado. También incluyen a las personas que no están satisfechas después de su muerte debido a su falta de realización. Estas almas a menudo están atrapadas entre realidades. Se quedan entre el mundo real y la dimensión alternativa y no encuentran escapatoria. Es mejor enfocarse en enviar mejores vibraciones, para ver mejores vistas. Los minutos que empiezas a ver estos lugares de interés, es ideal para emitir mejores vibraciones ya que estos lugares podrían asustarte. Muchas personas que terminan viendo tales vistas se arrepienten de abrir su Tercer Ojo debido a su miedo de ver espíritus muertos.

Muchas personas se preguntan en esta etapa qué hacer cuando empiezan a experimentar estos lugares. El único consejo que se puede dar es enviar vibraciones más elevadas con mejores frecuencias. Esto le ayudará a obtener mejores vistas. Recuerda que las vibraciones que emites determinan las vistas que ves en tu Tercer Ojo. Por lo tanto, es mejor emitir vibraciones más elevadas. Sé más positivo y ten una mente clara y serás capaz de emitir mejores vibraciones. Si tienes mucho miedo y quieres dejar de ver esos lugares, céntrate. Comienza distrayéndote de una manera saludable derramando la energía extra. Puedes hacer esto haciendo ejercicio, corriendo o haciendo una actividad intensiva que consumirá tu energía extra. Evita involucrarte en actividades espirituales por un tiempo si te sientes incómodo y habla con personas que están presentes en la realidad actual. Se cuidadoso cuando trates de abrir tu Tercer Ojo y cuando tomes la decisión de cerrarlo. Esto se debe a que te tomará más tiempo recuperar tus poderes espirituales si quieres recuperarlos. Tomará más esfuerzo y necesitarás mucha más resistencia para recuperarlos cuando cierres tu Tercer Ojo. Si usted emite vibraciones más positivas a través de frecuencias más altas, se podrán ver mejores imágenes. Estas vibraciones incluyen felicidad, armonía, amor y otros pensamientos positivos. Cuando das estas energías te encontrarás viendo imágenes más desarrolladas y agradables. Podrás ver colores vivos y brillantes, mejores vistas con matices dorados o blancos. En estas dimensiones, también experimentarás paz.

Nótese que en estas dimensiones también se puede experimentar un gran flujo de información en la mente. Estos serán el resultado de un cambio de energía que tendrá lugar dentro de ti. Las dimensiones cambiarán dentro de ti y el movimiento rápido de colores e imágenes puede experimentar esto. Cuando cierras los ojos puedes ver varias realidades que se mueven a través de tus párpados. Cuando estas rápidas fluctuaciones de imágenes ocurran, no dejes que te obstaculicen. Puede que no sepas cómo apagar la vista de tu Tercer Ojo y esto puede ser una experiencia aterradora. Esta es exactamente la razón por la que solo debes entrar en la abertura del Tercer Ojo cuando estés muy seguro y cuando confíes en tus habilidades. Lee la información completamente antes de intentar cualquier cosa y luego toma una decisión. Cuando empieces a experimentar movimiento y muchas imágenes no te asustes. Todo lo que tienes que hacer es abrir los ojos. Trata de concentrarte en otras cosas, escucha música agradable y haz algo que te distraiga. Conéctate con cualquier cosa, si tienes una mascota acaricia su pelaje y concéntrate en ello. Si tienes una pareja, involúcrate en alguna actividad romántica con ella. Estas se convertirán de la visión de tu Tercer Ojo.

Sensibilidad a las energías

Cuando abres tu Tercer Ojo te vuelves más sensible y susceptible a las energías que te rodean. Esto incluye tanto la energía positiva como la negativa. Desarrollarás una actitud más empática hacia las cosas ya que desarrollarás una comprensión más profunda de la gente que te rodea. Cuando esto suceda, sensibilízate a ti mismo para captar las vibraciones positivas que la gente da sobre los aspectos negativos. La energía positiva se reflejará en tu personalidad y serás más armonioso. Sin embargo, no se puede eliminar completamente la energía negativa y es natural que se absorba alguna parte de la energía negativa o las malas vibraciones que la gente emite. Por ejemplo, si alguien está molesto o enojado por algo, entonces si estás en la misma habitación que ellos, serás capaz de captar sus emociones. Es probable que te sientas más afectado. Es por esta razón que los monjes y ermitaños espirituales se aíslan de los demás. Esto se debe a que el contacto personal con la gente les afecta mucho más profundamente que a la gente normal.

Son capaces de captar y retener las energías de otras personas y a menudo se sienten exhaustos debido a esto. Con mayor poder espiritualizado, estos tipos de energías te afectan más. Sin embargo, trata de enfocarte más en las vibraciones positivas que en las energías negativas. Puedes imaginarte en un entorno más feliz o imaginar tonos dorados o blancos. Todos estos son métodos de protección que puedes emplear para protegerte de la energía negativa cuando estás con la gente. Imagina toda la energía que se filtra a través de una gran pantalla de luz dorada o blanca. Te resultará más fácil protegerte. Otra gran técnica que puedes usar para reducir el efecto dañino de la energía negativa es venir a casa y tomar una ducha con un poco de agua fría. Esta agua fría lavará todas las impurezas tanto física como mentalmente. Te calmará y te ayudará a relajarte. El agua lavará cualquier parte de la energía negativa que albergas debido a la interacción con las personas. Imagínate el agua lavando físicamente todas tus vibraciones negativas.

Cuando sigues practicando esto y afinas tus movimientos, encontrarás un gran alivio. El acto de lavar las vibraciones negativas en la ducha creará paz dentro de ti y restaurará las vibraciones positivas. También te sentirás más ligero y feliz y te sentirás inspirado para hacer alguna cosa. Esto ocurrirá solo después de purificar tu mente y tu alma de las energías negativas que te bloquearán en el camino del auto-descubrimiento. Es ideal practicar esto durante unos minutos todos los días y con el tiempo comenzarás a sentirte más rejuvenecido y fresco después de ducharte. Tus niveles de energía también comenzarán a cambiar y te encontrarás más enfocado en las cosas. También desarrollarás una actitud más positiva y cambiarás a rutinas saludables. Esto mejorará tu salud y aumentará tu calidad de vida. También te encontrarás más armonioso, lo que te ayudará a alcanzar la paz en tus relaciones, en tu vida laboral y te dará un buen estado de ánimo.

Otras experiencias de apertura del Tercer Ojo

El Tercer Ojo es representado con espiritualidad y por lo tanto puedes experimentar fuertes vibraciones al abrir tu Tercer Ojo. Pero no te asustes por el aumento repentino del nivel de energía. Te encontrarás más inclinado espiritualmente cuando abras tu Tercer Ojo. Recuerda siempre estar calmado y mantener la compostura cuando abres el Tercer Ojo. Esto se debe a que la apertura del Tercer Ojo puede ser exhaustiva y una experiencia fuera del cuerpo. En las etapas iniciales puedes experimentar mareo y sentirte muy intenso. Sin embargo, deja que las vibraciones te dominen.

Cuando emitas vibraciones más elevadas, verás imágenes más positivas. Te encontrarás viendo hermosas casas y paisajes que denotan serenidad y paz. Estos suelen ser de color dorado o blanco y toman formas suaves. La gente también ve imágenes de bodegones y objetos. También ven criaturas que se parecen a las personas y formas que no asustan. Obtendrás una visión de cómo son las realidades. Te encontrarás a ti mismo mirando a través de diferentes dimensiones y viendo la vida en esas dimensiones. También ten en cuenta que hay varias dimensiones. Cuando tienes una vista de un cielo oscuro con estrellas implica que estás en el cuarto nivel. El truco es suavizar la transición entre las diversas dimensiones y no perderte a lo largo de la experiencia.

Cuánto tiempo se tarda en experimentar la apertura del Tercer Ojo

Ante todo, no te impacientes con la apertura del Tercer Ojo. El tiempo que se tarda en abrir el Tercer Ojo varía y depende de varios factores. De hecho, incluso los genes juegan un papel en la apertura del Tercer Ojo. Si eres espiritualmente avanzado o vienes de una familia que te hace orar y meditar te encontrarás abriendo el Tercer Ojo mucho más fácilmente en comparación con alguien que no es espiritual. También depende de la cantidad de bloqueos mentales que tengas. Si guardas resentimiento y malos pensamientos de celos, infelicidad e insatisfacción, entonces te será más difícil abrir tu Tercer Ojo. Puedes abrir tu Tercer Ojo en una semana o tardar mucho en abrirlo. También depende de tu percepción y de otros factores.

Capítulo 19:
Cosas que debes saber sobre tu "Tercer Ojo"

Lo primero que debes saber es que los científicos todavía no tienen una comprensión completa de la glándula pineal. La glándula pineal está localizada en el centro del cerebro. Tiene la forma de una piña y es la glándula que secreta la neurohormona melatonina cuando estamos durmiendo. Originalmente, los científicos e investigadores creían que esta glándula era una glándula vestigial y que solo era de utilidad para algunos animales primarios y la evolución mantuvo estas glándulas.

Ahora los filósofos, científicos e investigadores están trabajando constantemente hacia el desarrollo de la glándula pineal. Están tratando de encontrar significados ocultos y cómo se relaciona todo. Al someternos a un sol agudo y bañarnos con luz artificial, estaremos contrayendo enfermedades graves, incluyendo cánceres. La exposición prolongada a ciertos químicos puede desencadenar reacciones alérgicas en la glándula pineal. Incluso trabajar durante mucho tiempo y no dormir adecuadamente en el momento adecuado puede afectar la secreción de la neurohormona melatonina. Esto puede tener consecuencias a largo plazo. Esto puede afectar nuestro ritmo circadiano, que es la conexión entre nuestras mentes, cuerpos y la tierra.

La conexión con nosotros entre las horas del día incluyendo el día y la noche se ve afectada. Así, al dar a nuestras glándulas pineales la oportunidad de mostrar de lo que son realmente capaces, no solo nos sometemos a una nueva perspectiva, sino que también allanamos el camino a posibles peligros y enfermedades. Hoy en día, las investigaciones nos han demostrado que se han establecido vínculos positivos entre la alteración del ritmo circadiano y las enfermedades cardíacas, los cánceres y la diabetes. Al tocar nuestras mentes y afectar con fuerza nuestro Tercer Ojo, podemos dar lugar a pesadillas y complicaciones psicológicas que dificultarán nuestro desempeño. El Tercer Ojo es el hogar de todo lo que es científico y no científico en absoluto. Esta es la zona donde visitamos nuestras fantasías más salvajes, de donde provienen la imaginación y el azar y es por ello que científicos y mentalistas se han interesado por la glándula. La glándula pineal es más poderosa de lo que percibimos. Puede ser la única cosa que nos separa de nuestra luz y oscuridad. Cuanto más nos concentramos en un lado, más le atribuimos a ese lado.

La glándula pineal mantiene unidas varias moléculas y células. Algunas de estas solo salen a la superficie durante la noche y debido al extraño comportamiento de esta glándula, el grado de uso de la glándula pineal todavía está en duda. Científicamente hablando, la única información sobre la glándula pineal que se entiende completamente es la secreción y síntesis de la neurohormona melatonina. Esto es controlado por nuestro reloj corporal, que es determinado por el núcleo supraquiasmático. La luz modula esta glándula y por lo tanto es en la noche que las funciones son verdaderamente vistas. La glándula pineal es a menudo referida como el "asiento principal del alma". Esto se debe a que difumina el análisis científico y la especulación espiritual que la rodea. Por lo tanto, separar el uso de la glándula es muy difícil. En esta sección discutimos los hechos principales que necesitas saber sobre el Tercer Ojo.

El Tercer Ojo y la Teosofía

Inicialmente, cuando la glándula pineal fue descubierta por primera vez, la gente asumió que la glándula era originalmente un ojo. Fue pensado como un ojo regular que sería susceptible a la luz y recibiría señales a través de nuestras retinas. Hay muchas especulaciones alrededor de la glándula pineal y acerca de cómo el ojo se expandió en el cerebro y que la glándula pineal es el hogar del poder centralizado. El cerebro fue demandado para percibir cosas usando la ayuda de los dos ojos externos. La glándula pineal o Tercer Ojo es la conexión entre nuestras generaciones anteriores y los estados evolutivos. Contiene las conexiones espirituales que verdaderamente tenemos y apunta a unir nuestra mente y cuerpo junto con nuestro espíritu y alma.

Hay varias deidades religiosas que se representan con tres ojos o un ojo. Criaturas míticas que se encuentran en culturas, tradiciones e historias antiguas influyen en ellas. Se dice que estas criaturas o seres contienen una tremenda cantidad de poder, algunos de ellos incluyen, Cíclopes, el Señor Shiva entre muchos otros. Hay varias referencias a este Tercer Ojo en el hinduismo. En el hinduismo se cree que uno de los chakras primarios, es decir, el séptimo chakra es el Sahasra, que es un loto que toma la forma de la piña como glándula pineal. Este chakra se atribuye a la unificación de la forma espiritual y física y a la unidad entre la espiritualidad y el pensamiento científico. Los filósofos griegos y romanos siempre han dado un estatus superior a la glándula pineal. Fueron ellos quienes dirigieron la investigación científica y el conocimiento filosófico. Los teósofos de la era moderna afirman que la glándula pineal es la puerta o la entrada al mundo desconocido. Mantiene dentro de sus secretos centrales que son transpirados a través de las generaciones. Contienen conocimiento y sabiduría de los seres espirituales y de nuestras vidas pasadas. El Tercer Ojo se ha desarrollado en la glándula pineal. Con el desarrollo de la astronomía, nuestra evolución puede ser estudiada a través de esta glándula. Algunos animales sostienen el Tercer Ojo en su forma pura. Sin embargo, la evolución ha transformado este Tercer Ojo en la glándula en muchos casos. Animales como el tuatara exhiben el Tercer Ojo foto receptor, que se denomina ojos parietales. La historia demuestra que los fósiles y los restos de las criaturas tienen una base en la que actualmente existe la glándula pineal.

Construcción del dispositivo para el estudio de la glándula pineal

La glándula pineal juega un papel importante en la regulación de nuestras vidas. Nuestro reloj corporal que es determinado por el reloj circadiano central es el que controla nuestra habilidad de adherirnos al tiempo y controla nuestro tiempo en varias situaciones. Es el que determina cuánto tiempo dormimos, cuánto tiempo estamos cansados y así sucesivamente. Por lo tanto, controla nuestro comportamiento y psicología. Es difícil medir este ritmo circadiano y el secreto de este ciclo está encerrado en las glándulas pineales. Estas glándulas están presentes tanto en el hombre como en los animales y en la antigüedad el alcance del estudio fue limitado debido a complicaciones técnicas. Hoy en día, con el inicio de la ciencia y el progreso en la tecnología, las propiedades de la neuro-hormona melatonina puede ser estudiado. Los profesores y eruditos de la Universidad de Michigan han formulado una microdiálisis que decodifica la neuro-hormona a través de la tecnología impulsada, códigos informáticos automatizados que descomponen la melatonina y analiza los compuestos importantes de la glándula pineal durante un cierto período de tiempo.

Este dispositivo genera imágenes de alta resolución e imágenes que capturan la esencia de la glándula pineal. Estas imágenes ayudan a los científicos a entender la producción de melatonina secretada por la glándula pineal y cómo afecta el reloj corporal. Lo que se sabe actualmente es que esta hormona es secretada cuando estamos dormidos y ayuda a reparar nuestro cerebro. También actúa como un medio y conecta las fuerzas gravitacionales de la tierra y las zonas horarias diurnas y nocturnas con las de nuestros cuerpos. La melatonina también se encuentra naturalmente en plantas, microbios y animales. Esta hormona es un antioxidante natural. Aunque los científicos están explorando actualmente los diversos usos de este compuesto, es capaz de controlar los trastornos crónicos, las enfermedades autoinmunes y ayuda a combatir la degeneración del cuerpo.

La diálisis que se construyó para el estudio de la glándula pineal ayuda a controlar la secreción de melatonina en diferentes circunstancias, incluyendo el desfase horario, la contaminación, la contaminación pesada, el cambio en la dieta, diferentes ambientes de trabajo, etc. Esto nos ayuda a entender la manera en que la glándula pineal reacciona a varias condiciones y cómo estas condiciones afectan las funciones de la melatonina. También juega un papel importante en la identificación de los cronotipos y en la forma en que ciertos animales se encuentran naturalmente alerta durante la noche (criaturas nocturnas) y en la forma en que algunos animales están en sintonía con las primeras horas de la mañana. Cada cronotipo determina el ritmo circadiano de la criatura.

Luz artificial = Futuro oscuro

Los estudios llevados a cabo por los profesores de la Escuela de Salud Pública de la Universidad de Harvard han encontrado que existe una relación significativa entre la lucha contra el cáncer de mama y el cáncer de próstata a través de la melatonina. Se dice que los modernos patrones de sueño de los individuos se han producido debido a irregularidades en la dieta, lagunas en los patrones de sueño, el uso excesivo de la tecnología y la carga de trabajo. Esto ha resultado en que nos volvamos poco saludables. Esto nos ha hecho más propensos a los cánceres. La luz de las lámparas artificiales y la luz incandescente afecta las glándulas pineales y han hecho que el riesgo de desarrollar cáncer y otras enfermedades sea más prominente. De hecho, la luz artificial que se ha utilizado para iluminar la oscuridad debilita nuestro sistema inmunológico y la exposición a largo plazo causa cáncer hormonal.

El equipo de Harvard publicó más de cinco artículos de investigación, cada uno analizando y concluyendo los vínculos positivos entre el ritmo circadiano y la alteración de la melatonina que se produce debido a la exposición a la luz y cómo afecta a la glándula pineal. De hecho, estudios de caso en los que utilizaron el archivo del Programa Satélite Meteorológico de Defensa de la NASA y estadísticas de la Organización Mundial de la Salud han mostrado que las mujeres que están más expuestas a la luz artificial, especialmente durante la noche, han visto un aumento significativo en el desarrollo del cáncer de mama. Investigaciones posteriores también han demostrado que cuando las personas pasan de una exposición mínima estipulada a una exposición mayor, hay un 36% más de probabilidades de desarrollar cáncer y cuando se exponen a sí mismas durante el período máximo, sus probabilidades de riesgo aumentan un 27% más.

El equipo también utilizó el kernel smoothing. Esto permitió la creación de mapas de densidad que mostraban la correlación entre las tasas de riesgo de cáncer y la exposición a la luz artificial.

La investigación fue segregada en base a la intensidad y la altura de la exposición a la luz y fue este estudio el que mostró una clara relación. Se desarrollaron y utilizaron algoritmos para estudios mundiales que apuntaban a determinar la tasa de exposición a la luz de acuerdo con el peso de la población y la cantidad de luz a la que estaba expuesta cada persona. Utilizando modelos econométricos de regresión y correlación, pudieron ver la relación positiva entre la exposición a la luz artificial durante la noche y las tasas de cáncer.

Hay que tener en cuenta que la exposición a la luz varía según los terrenos. Esto se debe a la falta de desarrollo en los países, por ejemplo, en países subdesarrollados como Bangladesh o Nepal, la exposición media a la luz por persona es de unos 0,02 nanovatios por cada centímetro cuadrado. Sin embargo, en los países tecnológicamente más avanzados o incluso en los países más desarrollados del mundo, la exposición a la luz es de unos 57,5 nanovatios por cada centímetro cuadrado. También con el progreso y la evolución estamos más expuestos a la luz de lo que lo estuvieron nuestros ancestros. Hace aproximadamente un siglo, los seres humanos alcanzaban 12 horas de luz solar cada día y estaban expuestos a 12 horas de oscuridad. Esto, por supuesto, en términos generales, suponiendo que no haya cambios en latitudes, estaciones o cualquier otro cambio. Un par de décadas atrás, después de la llegada de la bombilla, los días se han extendido por un período más largo. También tenemos alguna exposición a la luz incluso cuando estamos dormidos. Tenemos las luces de la noche encendidas o las luces de la calle que se filtran a través de nuestras habitaciones. Con más exposición al LED a través de televisores, computadoras y otros monitores y dispositivos, hemos logrado ser susceptibles a la exposición a la luz. Esto ha logrado romper nuestra inmunidad que hemos logrado a través de la evolución genética y todo el desarrollo que hemos enfrentado desde nuestros tiempos anteriores se ha desperdiciado.

Aunque no podemos hacer mucho con respecto a la exposición a la luz en nuestras vidas, al menos podemos tratar de combatir la medida en que estamos expuestos haciendo uso de la luz natural para hacer nuestro trabajo. Usar menos luz y dormir en una habitación oscura. Cierre las persianas y los postigos y evite la exposición a la luz después de oscurecer.

Esto es específicamente importante porque la interrupción de nuestro ritmo circadiano puede ser cancerígeno.

Clásico Oculto

Las glándulas pineales son más de lo que se ve a simple vista. Aunque científicamente hablando la exposición prolongada a la luz artificial puede obstaculizar y dificultar la producción de melatonina en la glándula pineal, las glándulas pineales tienen algo más que un trasfondo científico de la que se deriva la información. La evidencia científica es cierta en la mayoría de los casos, sin embargo, la especulación espiritual que rodea a esta misteriosa glándula todavía está presente. El Tercer Ojo y la Glándula Pineal son solo órganos de nuestra mente de acuerdo a la ciencia. Espiritualmente hablando son puertas que enlazan nuestro ser supremo iluminado con nuestro estado mental actual. Vienen con un pasado extraordinario y que aún no ha sido explorado. También se dice que contienen restos de poderes espirituales y habilidades sobrenaturales. Los misterios que rodean al Tercer Ojo son una fuente constante de fascinación con escritores, espiritistas y ocultistas que están tratando de desarrollarse y penetrar en el Tercer Ojo.

De hecho, varias películas y libros hablan de la supremacía de la glándula pineal. Escritores, dramaturgos y dramaturgos a menudo crean personajes con una gama de poderes supremos todos asociados con el Tercer Ojo.

En películas como *In From Beyond*, científicos locos y excéntricos se convierten en zombis que comen cerebros a través de la activación de sus glándulas pineales. En otras películas como *She Devil*, el personaje femenino principal se convierte en un monstruo. Su glándula pineal se activa y termina convirtiéndose en un demonio salvaje. En muchos casos, al Tercer Ojo también se le da una naturaleza sexualizada que se utiliza para seducir a las personas y controlarlas a través de la manipulación. Es debido a estas teorías que tienen muy poca evidencia científica de que los suplementos médicos para la disfunción sexual contienen melatoninas. Aunque, la extensión del uso de la tercera glándula es inexplorada y se muestra en diferentes luces en la industria del entretenimiento, los científicos creen que podría haber alguna correlación entre los dos.

Muchos programas de televisión y series han representado la glándula pineal como una fuente de poder. Se dice que es una glándula que puede manipular y controlar varios aspectos del mundo. Con la falta de comprensión científica la gente ha permitido que su imaginación saque lo mejor de ellos. En muchos casos, se dice que la glándula pineal es el motor de la habilidad psíquica y de la comunicación mental. Es influyente y su magia espiritual es aprovechada a través de la ficción. La glándula pineal está más desarrollada de lo que creemos y debido a la poca información sobre las habilidades de la glándula pineal, los escritores y narradores han contado cuentos sobre su uso.

Capítulo 20:
Cómo saber si estás teniendo un despertar espiritual o psíquico

Hay varias maneras a través de las cuales puedes decir si estás espiritualmente despierto o si has alcanzado la iluminación psíquica. En esta sección discutimos las varias maneras a través de las cuales puedes decir si has alcanzado el despertar espiritual. A continuación, se presentan algunas de las mejores maneras de saberlo con seguridad.

Sensación de hormigueo o presión

La manera más fácil de saber si has alcanzado la iluminación es sintiendo algún tipo de presión o una sensación de hormigueo. El área del Tercer Ojo está presente entre las cejas. Aquí es donde el chakra está presente. Cuando sientas un hormigueo en esta área puedes estar seguro de que tu Tercer Ojo está despierto. El hormigueo o la presión ocurre debido a dos razones principales. Una es que eres capaz de detectar y absorber la energía y las vibraciones de tu entorno. Dos, estás más enfocado en tu chakra y tu energía espiritual interna está fluyendo y desarrollándose. Durante las etapas iniciales de la práctica de la meditación, la presión o la sensación de hormigueo puede ser muy fuerte.

Conexión con el Espíritu

Otra manera común a través de la cual sabes si estás teniendo un despertar psíquico es sintiendo una conexión más fuerte hacia las cosas espirituales. Puedes sentir y percibir las vibraciones de los espíritus y eres más sensible a las energías de la gente. Los espíritus nos rodean y los seres celestiales y los fantasmas están presentes en nuestro entorno y no somos capaces de detectar su presencia. Cuando sientes la presencia de personas, ángeles, tus guías, gente amada que ha fallecido, sabes que tienes una conexión psíquica. También puede detectar la presencia de los espíritus de otras personas.

Deseo de estar lejos de la negatividad

La negatividad absorbe tu energía y cuando tienes un despertar espiritual puedes sentir la energía de la gente o de tu entorno mucho más fuertes. Esto, a su vez, puede hacer que tú reconozcas las vibraciones negativas dadas por la gente. Te vuelves más empático y sintonizado con los sentimientos y emociones de otras personas. En esta etapa, tu sensibilidad se incrementa y absorbes fácilmente tanto energías positivas como negativas. La energía negativa puede agotarte y por lo tanto puedes encontrarte evitando las circunstancias y a la gente que saca la negatividad. También tratas de ser menos conflictivo y evitar discusiones.

Deseo de comer alimentos más sanos

Empiezas a ser más consciente de tu cuerpo. Recuerda, tu cuerpo es un médium y existes en este mundo en el recipiente que es tu cuerpo y por lo tanto es tu obligación proteger y aprovechar tu cuerpo de la manera más saludable.

Cuando recibes el despertar, empiezas a comer muchos más alimentos saludables. Esto se debe a que cuando estás despierto tu intuición se eleva y das a nuestras vibraciones una frecuencia y una longitud de onda mucho más altas. Los alimentos naturales, que no son procesados como las frutas y verduras, tienen una frecuencia más alta y esto te permite aprovechar y canalizar tu energía espiritual interna. Te sientes atascado por comer comida pesada, especialmente comida chatarra.

Deseo de aprender y ser más spiritual

En muchos casos, empiezas a buscar conocimiento. Pasas tu tiempo haciendo actividades constructivas como leer y aprender. Comienzas a despojarte de tus viejas costumbres, rompes tus malos hábitos y te concentras más en enriquecerte a través del conocimiento. También eres capaz de comprender conceptos más fácilmente y te encuentras a ti mismo entendiendo las cosas con más precisión y exactitud. También te vuelves más espiritual. Contemplas a menudo, también introspectivamente. También estás constantemente buscando inspiración y sientes un sentido más profundo de propósito. Comienzas a tomar parte en el camino hacia el autodescubrimiento y pasas tu tiempo aprendiendo tanto como te sea posible.

Sueños frecuentes o vívidos

También empiezas a experimentar sueños vívidos y recuerdas estos sueños. La cantidad de sueños que ves cuando estás dormido depende de cuán despierto o iluminado estés. Soñar frecuentemente es uno de los signos comunes del despertar psíquico. Esto es porque no estás resistiendo lo que tu mente está creando. Tu cuerpo está en reposo y tu mente está activamente creando y aprovechando energía y canalizando esta energía espiritual en varias formas. En este estado también son capaces de moverse a través de las dimensiones y también son capaces de cambiar de los diferentes estados de ánimo. Ahora podrás reunir información de las partes subconscientes de tu mente de una manera más fácil.

Mayor sensibilidad de sus sentidos físicos

Esto implica que tus sentidos físicos se manifiestan y que eres más consciente de tus visiones y sonidos físicos. Por ejemplo, si eres capaz de oír mucho mejor, podrás ver el movimiento a través de tu visión periférica o podrás ver matices dorados o blancos de luz o puntos. Esto implica que sus sentidos se han intensificado y se están volviendo más fuertes. También puedes ver claramente y te vuelves más observador. También te vuelves receptivo a los detalles y sonidos menores. Incluso tus papilas gustativas se vuelven más superiores y puedes probar la comida que comes y separar los sabores.

"Éxitos" intuitivos

Cuando despiertas tu intuición se vuelve superior. Tu instinto se vuelve más pronunciado y eres capaz de sentir las cosas fácilmente. También tienes golpes intuitivos donde sientes que algo puede pasar. Esto puede ser tanto emocionante como aterrador. Ten en cuenta que es posible que no veas premoniciones; sin embargo, es posible que puedas predecir cómo va algo. Eres capaz de sentir el resultado de las cosas. También puedes controlar tu habilidad psíquica; puedes cerrar tu Tercer Ojo y abrirlo cuando quieras. También puedes practicar la guía intuitiva para familiarizarte con tu fuerte intuición.

Dolores de cabeza

También eres más susceptible a dolores de cabeza y migrañas. Estos son comunes y aunque puedan ser un dolor, la canalización de energía los causa. Cuando estás espiritualmente despierto tu mente comienza a cambiar la energía interior.

También absorbe más energía y vibraciones del entorno; esto puede causar una sobrecarga y causar dolores de cabeza. Si tus dolores de cabeza están empeorando progresivamente, entonces puedes empezar por remojar tus pies en agua tibia. Esto ayuda a mover la energía de la cabeza a los pies. También puede añadir aceites aromáticos esenciales y sales de baño a la bañera de agua. Esto te ayudará a relajarte. Sin embargo, toma nota para comprobar si no es algo más grave. Los dolores de cabeza también pueden implicar problemas físicos y problemas de la vista. Así que ve a un doctor o a un médico y hazte revisar.

Perder amigos - Hacer nuevos amigos

Una de las pocas maneras no convencionales a través de las cuales sabes que tienes un despertar psíquico es cuando empiezas a perder a algunos de tus viejos amigos. Esto se debe a que comienzas a volverte más maduro y más elevado. Te quedas solo con gente que te da vibraciones positivas y dejas de prestar atención al drama o a los chismes. Superas a tus viejos amigos y sientes una sensación de desconexión con algunos de ellos. Esto se debe a que empiezas a ver el mundo de manera diferente y sientes desapego con lazos materialistas y un sentido de distanciamiento hacia relaciones innecesarias. Las cosas que antes eran importantes dejarán de serlo y te encontrarás caminando hacia la iluminación.

Verse más joven

Cuando te embarcas en el camino del despertar espiritual, te verás mucho más joven. Esto se debe a que tendrás múltiples experiencias fuera del cuerpo. Comenzarás a sentir un sentido más profundo de propósito y lo que previamente te afectó no tendrá ningún impacto en ti. Comenzarás a eliminar los problemas emocionales de tu vida. Evitarás problemas y te convertirás en una persona más resuelta.

Todos los juicios previos y conceptos erróneos que tenías desaparecerán y te encontrarás más calmado y relajado. Empiezas a disfrutar mucho más y te contentas. Cuando esto sucede, empiezas a verte más joven.

Sentido de identidad

Cuando te sientas espiritualmente despierto o alcances iluminación psíquica, estarás más contento contigo mismo. Sientes una gran atracción por las personas y te conectas con ellas fácilmente. También tienes una profunda conexión con los animales y las plantas. Eres capaz de entender mucho mejor las emociones de los animales e incluso puedes encontrarte en compañía de ellos. Te sentirás completamente a gusto contigo mismo y solo irradiarás vibraciones positivas y armoniosas. Empiezas a sentirte unido hacia las cosas y estás inundado de conciencia trascendente. También puedes sentir amor incondicional hacia las cosas. No albergarás sentimientos de enfermedad ni emociones negativas. Te encontrarás disfrutando de la soledad y del sentimiento de desapego, así como del apego hacia las personas y las circunstancias.

Capítulo 21:
Los médiums y la intuición

L o más importante que debes saber es que todos tenemos cierta cantidad de intuición dentro de nosotros. Esta intuición depende de una variedad de factores. Cada uno de nosotros es intuitivo de alguna forma o manera. Se cree que la intuición es el presentimiento o algo que ha estado escondido en nuestra alma y en nuestro subconsciente. Se cree que es una extraña y misteriosa sabiduría que aflora en ciertos momentos. Investigaciones y estudios han demostrado que la mayoría de las personas nacen con un sentido intuitivo y todos tienen el sexto sentido. A este sexto sentido a menudo no se le presta atención porque estudiarlo es bastante difícil.

El sexto sentido es más pronunciado en algunas personas mientras que en otras es borroso o apagado. No todos son médiums, pero todos tienen el poder de convertirse en médiums. Piensa en ello como alguien que tiene el talento para aprender algo como tocar un instrumento, todo el mundo puede tocar un instrumento, pero no todo el mundo puede tocarlo excepcionalmente bien. Del mismo modo, los médiums son de dos categorías. Pueden nacer o desarrollarse. Una persona que tiene la habilidad natural de percibir el sexto sentido es llamada médium natural, y aquellos que desarrollan y afinan su sexto sentido a medida que progresan son llamados médiums latentes.

Los médiums latentes son aquellos que tienen una mayor sensibilidad hacia el sexto sentido. Tienen un nivel de intuición ligeramente más alto en comparación con los seres regulares, pero su intensidad de intuición es mucho menor en comparación con los médiums nacidos naturalmente. Tienen una forma de inclinación natural hacia la intuición y es por eso que algunas personas tienen un buen instinto. Aunque no sea tan aparente, la habilidad se puede desarrollar con el paso del tiempo. Esto requiere cierta habilidad natural. El desarrollo de tu sexto sentido requiere tiempo y esfuerzo arduo. Esto requiere una transformación interior y un despertar espiritual que solo se produce después de largas horas de meditación y contemplación.

Ahora surge la pregunta: ¿cómo puede una persona aprovechar su sexto sentido? ¿Cómo puede una persona decir cuán buena es su intuición y cómo puede identificarse a sí misma como médium? La respuesta a todo esto puede parecer una mera meditación, sin embargo, desbloquear tus poderes psíquicos e intuición tiene mucho más que ver con la mera meditación. La meditación es solo una pequeña parte del ejercicio. Hay muchos procesos que necesitarás emprender para que seas capaz de refinar tu sexto sentido. Esto no implica solamente contemplación, meditación y desafiar sus creencias centrales. Incluso tu perspectiva y la compañía que mantienes podrían requerir cambios si alguna vez quieres desarrollar verdaderamente tu sexto sentido.

En esta sección del libro estudiamos lo que realmente necesitas para afinar tu intuición. Cómo desarrollar tu sexto sentido y cuáles son algunos procesos que puedes seguir fácilmente para desarrollarlo. Este capítulo también arroja luz sobre cómo identificarte como un médium. La intuición es sabiduría interior y para desarrollar esta sabiduría interior se requiere paciencia.

Algunas de las maneras más fáciles de saber si eres un médium es si has experimentado lo siguiente:

1. De niño, ¿alguna vez tuviste miedo por la oscuridad porque sientes algo acechando en las sombras?

2. ¿Alguna vez sentiste que nunca te las arreglaste para integrarte y te sentiste desconectado con la gente?

3. ¿Exploraste la espiritualidad y la metafísica y desarrollaste una fascinación por los seres y energías sobrenaturales desde una edad temprana?

4. ¿Ves a veces seres o espíritus? Esto podría tomar la forma de fuentes de luz o energías o incluso esferas que flotan en el aire.

5. ¿Fuiste más sensible hacia la energía y pudiste detectar emociones y sentimientos de las personas?

1. Tu Conciencia necesita ser purificada

Uno de los primeros pasos que necesitas hacer cuando quieres aumentar el poder de tu intuición es limpiar y purificar tu conciencia. Esto implica deshacerse de todas las cosas que te frenan. Solo se puede desarrollar una buena intuición si se aclara y se purifica la mente. Cuando sostienes un montón de aura negativa dentro de ti, va a bloquear tu Tercer Ojo. Esto puede hacer que su intuición se debilite. Los resentimientos, los malos sentimientos y los problemas personales deben ser liberados. Debes ser capaz de dejar atrás el pasado y perdonarte por los errores que has cometido.

Canaliza todas tus emociones negativas en algo constructivo. Puedes elegir escribir tus sentimientos para reducir su intensidad. Haz lo mejor que puedas para deshacerte de los sentimientos de remordimiento, arrepentimiento, enojo, celos e infelicidad. Haz un esfuerzo consciente para desintoxicarte de ellos. Haga espacio para más sentimientos positivos y buenos pensamientos. Cultiva sentimientos de felicidad, paz y armonía. Perdona a todas las personas que te han ofendido y practica la bondad y la humildad. Ten una actitud positiva y mira el lado positivo de las cosas. A menudo son más fáciles de decir que de hacer, pero hay que esforzarse por ser una mejor persona.

Siéntate y tómate un momento para recordar todos tus pensamientos. Piensa profundamente en todas las personas que te han hecho daño y a quienes has hecho daño. Visualiza todas las malas facetas de tu vida, la terrible experiencia y las circunstancias negativas en las que te has encontrado. Si estás rodeado de gente negativa y gente que constantemente te está sujetando, entonces deshazte de ellos. Rodéate de gente positiva. Esto incluye a las personas que te apoyan y te animan. Estas deben ser personas que son compasivas y te elevan a terrenos más altos. Practica la compasión y ponte en una buena posición.

También comienza a reconocer el karma y debes saber que el mal karma te va a afectar. Sé tu ser natural y entra en el camino de la redención. Deja de complicarte tanto y hazte un buen análisis y deshazte de todas esas cualidades que te están frenando.

Esto también significa que debes empezar a reconocer y trabajar a través de tu mal karma mientras que también realizas tu dharma perfectamente. Lo más importante es empezar a practicar la aceptación y ver la vida desde una nueva perspectiva. Ten confianza en tus habilidades y estate en paz con quien eres, donde estás y ten fe en donde vas a ir.

La razón detrás de despojarte de tus cualidades negativas es para hacerte un buen recipiente. Los secretos del universo solo se van a infiltrar en ti si mantienes tu mente pura. Si estás bloqueando el Tercer Ojo con perspectiva negativa y conceptos erróneos, entonces te encontrarás teniendo una intuición muy pobre. Los secretos y la verdad oculta van a rebotar debido al ego, el orgullo y la negatividad. También estarán canalizando y dando nuestras vibraciones negativas que pueden atraer espíritus enojados y experiencias negativas. Asegúrate de tener la conexión más profunda contigo mismo para conectarte con espíritus positivos. Esto puede tomar mucho tiempo, pero practicando y entendiéndote serás capaz de convertirte en una versión mejor y más refinada de ti mismo.

Consigue un mentor espiritual o un gurú que te ayude

Si realmente quieres desarrollar tu intuición, entonces es una buena idea conseguir un gurú espiritual o alguien que pueda ayudarte a desarrollar tu intuición. Es una buena idea encontrar a una persona espiritual y el esfuerzo valdrá la pena eventualmente. Esto se debe a que obtendrás mejor sabiduría y perspicacia cuando tengas a alguien que te guíe. La mayoría de los gurús espirituales habrán pasado por lo que tú pasaste y podrán ayudarte en tu viaje. Puedes obtener consejos y puntos de ellos para cultivar tu intuición. Habrían pasado por una experiencia similar y por lo tanto podrán canalizar sus pensamientos mucho mejor.

Uno de los puntos más prominentes a tener en cuenta cuando se busca un gurú espiritual o un maestro es encontrar a alguien que no cobre una tarifa exorbitante. Si la persona a la que has reducido la búsqueda cobra una tarifa alta o exige cosas materialistas, entonces habrías ido al lugar equivocado. Un gurú necesita ser alguien que es espiritual por dentro y por fuera. Él o ella no debe poner énfasis en las ganancias materiales y debe estar más interesado en tomarte como su discípulo y reformarte en vez de estafarte tu dinero. Básicamente debe tener un buen sistema de valores.

El segundo aspecto a considerar cuando se busca un maestro es alguien que ha alcanzado el despertar espiritual. Es posible que encuentres a mucha gente que está pisando el camino en el que estás actualmente, pero esto no ayuda. Encuentra a alguien que ha sido espiritualmente despertado y alguien que ha desarrollado su intuición. La persona que elijas como tu maestro o gurú debe ser alguien que ha alcanzado los poderes que estás buscando alcanzar. Si no lo han hecho entonces será difícil para ellos guiarte y estarás atrapado en el medio y no podrás acceder a tu verdadero potencial.

Busca también a alguien humilde. Al buscar un maestro, la persona debe reflejar las cualidades que estás tratando de alcanzar. Deben estar en paz consigo mismos y deben ser capaces de canalizar bien su energía. También deben irradiar pensamientos positivos, armonía y serenidad y no deben tener pensamientos negativos y malos sentimientos. Deberían estar tranquilos y calmados. Presta atención a varios maestros falsos. Hay muchas personas que afirman que te ayudarían, pero en realidad no lo harán. El gurú o maestro debe ser iluminado y humilde. No deben ser condescendientes ni al azar.

Desconfía de todas las personas que dicen ser gurús. Ten cuidado con la gente que es pretenciosa y aquellos que están tratando de engañarte o robarte. No entables conversaciones innecesarias con personas que parecen pretenciosas. Usualmente terminan siendo falsos maestros que solo estarían en esto por el dinero y tu intento hubiera sido inútil. Los verdaderos maestros espirituales no son ladrones y hay una cierta fuerza positiva que podrás sentir cuando estés con ellos. Aunque todos ellos cobran una cuota, los verdaderos gurús espirituales no se enfocan solamente en las ganancias monetarias o materialistas. Te darán consejos y puntos sin cobrar mucho. También puedes leer sus libros y asistir a cualquier taller o capacitación que te ofrezcan. Estos suelen tener un precio, pero se ha demostrado que son bastante eficaces. También puedes entender las técnicas cuando vas a ellos.

Y lo más importante, evita ir a las personas que te van a hacer gastar tu dinero en todo, incluyendo las cosas que ellos hacen. Tu gurú debe ser uno con el que te sientas cómodo y no con el que te sientas incómodo. Si tu maestro te está haciendo hacer cosas extrañas o cosas con las que no te sientes cómodo, no deberían asustarte o alarmarte diciendo cosas como que estás maldito o que nunca alcanzarás la iluminación espiritual y así sucesivamente. Asegúrate de tener un maestro espiritual que te permita tomar tus decisiones y entender lo que quieres. No debes informar a nadie que te haga sentir inferior ni estar en compañía de personas que van a tomar decisiones por ti. Ellos deben impartir sabiduría y conocimiento y dejarte atravesar tu propio camino.

Cuando busques un maestro, ten paciencia y tómate tu tiempo con el esfuerzo. No puedes encontrar buenos maestros de la noche a la mañana, pero siempre puedes buscar uno. Mientras tanto, trata de desarrollarte y entender lo que quieres. Cultiva cualidades como la humildad, la actitud positiva y asegúrate de redimirte. Sé una bendición para tu maestro cuando lo encuentres. El camino de la iluminación espiritual es tuyo y solo tuyo para recorrer. Desarrolla las cualidades de un buen estudiante y ábrete al aprendizaje. Cuando desarrolles tus características te encontrarás en una posición más fácil para lograr el despertar. Asegúrate de apoyar a tu gurú y ganarás su devoción y apoyo también. Esto hará que ellos quieran ayudarte y compartir su conocimiento y sabiduría contigo.

Comienza a cultivar y a mejorar tu visión

Al cultivar tu visión, implicamos que miras hacia adelante y hacia atrás para ver el pasado, el presente y el futuro. Sé capaz de entender tu pasado y analizar tus experiencias. Esto también significa que usted debes tratar de entender el pasado de los demás. Desarrolla una actitud empática. Esto te ayudará a entender el camino que ha tomado una persona, sus elecciones, sus decisiones, cómo estas las han impactado. Comprende que cada persona ha tenido experiencias diferentes tanto en su vida actual como en la pasada.

Desarrolla un sentido más profundo de comprensión hacia ti mismo y hacia los demás y serás capaz de ver el pasado.

Empieza por desarrollar tu memoria. Cuando tienes una memoria poderosa y eres capaz de recordar detalles. Esto te ayudará a ver el pasado. Tienes que ser capaz de saber lo que hiciste hace unas horas. Si visitas a un psíquico, es probable que ellos puedan decirte lo que has hecho en tu vida pasada y qué tipo de persona eres. Cuando te dicen tales cosas es una buena regla general ponerlas a prueba y preguntarles qué hiciste hace unas horas. Si el psíquico es incapaz de decir lo que hiciste hace unas horas entonces ten por seguro que ellos son incapaces de decir lo que hiciste en tu vida pasada. La gente intuitiva es capaz de decir qué tipo de persona fuiste en tu vida pasada, pero el truco no es ser capaz de sentir el pasado de la gente, sino de ser capaz de visualizar el pasado. Debes tener mucho más que una idea de cómo es el pasado de la gente.

Ver el presente es mucho más fácil y sin embargo mucho más profundo de lo que podrías pensar. Implica que debes ser capaz de entender los tecnicismos del presente o del momento actual. Esto incluye la capacidad de comprender el panorama general. Debes ser capaz de identificarte con el karma de las personas y sus acciones. También debes ser capaz de decir cómo las fuerzas de la naturaleza interactúan con la gente y cómo afecta a la gente. Para poder entender el presente y poder visualizarlo necesitas ser organizado y tener una mente clara y nítida. No debes tener el cerebro disperso y debes cumplir con un horario adecuado.

También debes desarrollar la capacidad de mirar hacia el futuro. Limpiar nuestra mente y purificar la conciencia puede hacer esto. Desarrolla tu memoria y ten un horario adecuado. Ten hábitos saludables y despójate de falsedades y pretensiones y serás capaz de ver el futuro.

Afina tus habilidades curativas

Desarrolla tu habilidad para curar a la gente. Esto se hace a través de una gran variedad de formas. Necesitas convertirte en una persona genuina a la vanguardia. Empieza por no desear nada más que felicidad a la gente. Deséales lo mejor y sé honesto con ellos. Empieza a visualizar la energía de la persona, especialmente la energía Prana. Entiende cada conexión en el cuerpo. La energía Prana cuando es débil puede afectar al cuerpo. Entiende la mecánica de esta conexión y haz uso de ella para sanar la forma física. Practica Reiki para canalizar los chakras de sanación y aprovechar el aura de sanación positiva a través de tu cuerpo. Esto te ayudará a sanar a otros y a crear una barrera espiritual que te hará más fuerte.

1. Agudice y limpie sus cinco sentidos

Para desarrollar tu sexto sentido necesitarás agudizar tus otros cinco sentidos. Hazte más sensible a todos los sentidos. Aléjate de las sustancias negativas y de aquellas que podrían dañar tus otros cinco sentidos. Limpia y purifica tus cinco sentidos y cuida de ellos. Observa solo cosas positivas, lee cosas positivas y escribe y predica cosas positivas. Come comida sana y buena y evita comer basura. De esta manera podrás limpiar y agudizar tus cinco sentidos de forma lenta pero segura.

2. Sigue un horario y mantén un régimen

Comienza por tener una buena perspectiva saludable en la vida. Si quieres desarrollar el despertar espiritual y agudizar tu intuición, solo puedes hacerlo si haces los cambios requeridos en tu vida. Sé disciplinado y practica lo que predicas. Duerme a una hora estipulada todos los días y despierta a la misma hora todos los días. Come alimentos saludables y comprométete a practicar todos los días. Despierta y medita un rato todos los días. Si quieres despertar tu Tercer Ojo necesitas estar enfocado y esa debe ser tu meta final. Si eres perezoso y no te comprometes, no lograrás la liberación.

Si sigues un horario adecuado, uno que no sea demasiado agitado y que te permita respirar, podrás encontrarte en una mejor posición. Practica la meditación regularmente y podrás ver la diferencia. Si sigues un programa, verás los resultados más rápido. Un régimen diario también te permitirá conectar tareas y seguir cosas. Cuando despeja tu mente y sintonizas tu cuerpo hacia un aspecto en particular, tu despertar espiritual comenzará a responder. Cuando tienes un estilo de vida disciplinado, todo lo demás se acomodará. La energía que gastas en tareas será significativamente reducida y esta energía será usada para aprovechar tus habilidades psíquicas. Esto también les permitirá aprovechar la energía y las fuerzas del sol y la luna. Si te despiertas antes de que salga el sol serás capaz de absorber la energía del sol y te encontrarás más rejuvenecido. El sol y la luna son aspectos importantes cuando se trata de afectar nuestras habilidades psíquicas. Esto se debe al ritmo circadiano que conecta el universo con nuestro estado físico y mental.

CAPÍTULO DE BONO:
Tres consejos secretos para abrir tu Tercer Ojo

Como bono, aquí hay una sección sobre los tres secretos, en su mayoría consejos desconocidos que pueden ayudar a una persona a abrir su Tercer Ojo. Practica esto especialmente cuando te encuentres en una situación donde necesites meditar rápidamente por cualquier razón.

Sigue estos pasos exactamente como son y verás resultados inmediatos y excelentes.

Relájate

Imagínate flotando en el agua. Estás ligero y relajado. Tu cuerpo es liviano. Lo primero que se debe hacer al abrir el Tercer Ojo es relajar el cuerpo, la mente y las emociones. Esto puede sonar demasiado intuitivo, pero cuando entras en una relajación real, descubrirás lo tenso que estás en tu vida diaria.

Una de las mejores visualizaciones que he encontrado extremadamente efectiva para entrar en un estado completamente relajado es imaginar que hay una brillante nube blanca flotando sobre mi cabeza. Esta nube es mi amiga ya que descansa sobre mi corona y comienza a absorber todas mis preocupaciones. Nunca he sabido cuánto estrés puede almacenar mi cuerpo antes de que la nube lo expulse de mi cuerpo. Esto saca el dolor y el estrés de todo mi cuerpo. Mis párpados se sienten como si alguien hubiera quitado un peso debajo de ellos. Mis oídos se sienten ligeros. Mis dedos están ligeramente palpitantes debido al alivio que estoy experimentando. Incluso los latidos de mi corazón se están haciendo más lentos y finalmente me estoy acomodando en el colchón. Intenta hundirte en un lugar cómodo para obtener los mejores resultados.

Continúa visualizando esta nube como un suave vacío en tu cuerpo. Deja que la tensión se descargue en tus hombros hasta que se vuelvan más ligeros. Deja que las cargas se caigan desde tu columna vertebral a medida que tu cuerpo se hunde y se vuelve uno con el colchón cómodo. Continúa haciendo esto hasta que llegues a los dedos de tus pies y sientas que el calor se escurre de tu cuerpo dejándote fresco y cómodo.

Concéntrate en tu frente

¡No te quedes dormido! Puede ser que quieras dormirte en este punto porque esto será lo más relajado que te hayas sentido en años y aunque es una buena idea, recuerda que lo estás haciendo por tu Tercer Ojo. Por lo tanto, cierra los ojos y enfoca tu energía en tu enfoque.

Relájate y no pienses en lo absurdo que puede ser esto. Concéntrate y piensa en el centro de tu frente. Recuerda seguir pensando en ese lugar. Trata de visualizar la apertura de tu Tercer Ojo.

Solo lleva tu atención al centro de tu frente. Sé consciente de tu piel, tus huesos y tus músculos en el centro de tu frente.

Después de solo unos segundos de enfocar tu atención en el centro de tu frente, también notarás algo que no tiene nada que ver con tu cuerpo físico. Notarás una presión definida en el centro de tu frente.

Abre tu Tercer Ojo

Cuanto más tiempo te concentres en tu Tercer Ojo, más intensa será tu experiencia. Se advierte en esta etapa debido a que estás desatando un poder grande y puro. En unos momentos, puede que sientas que tu cabeza va a querer explotar por el poder de todo el proceso.

Al exhalar, en lugar de dejar salir el aire de los pulmones, haz un largo suspiro.

Este suspiro será similar al signo del 'Eem' que discutimos anteriormente. Este suspiro también se llama Bija Mantra. Este es el sonido del sustento, la creación y la destrucción también. Este suspiro te ayudará además a abrir tu Tercer Ojo. Este es el punto en el que te sentirás como si una puerta se hubiera abierto en medio de tu frente. Este es tu Tercer Ojo Abierto. Es entonces cuando comenzarás a sentir los poderes de la intuición con gran intensidad. Usa estos poderes para dibujar escenarios, ¿cómo te gustaría que sucedieran en tu vida? ¿La razón? Tú eres uno con la tierra. Estás poniendo las cosas en movimiento.

Enfócate en estas situaciones y comienza a enviarles energía una por una. Comenzarás a sentir una energía pura que fluye a través de cada célula de tu cuerpo. Esto significa que están creando olas en la superficie de la tierra.

Muy pronto verás cómo tus escenarios se convierten en una verdad y suceden como quisiste que sucedieran inicialmente.

Conclusión

Ahora que has llegado al final de este libro, me gustaría en primer lugar expresar mi gratitud por elegirlo e invertir tiempo en leerlo. El despertar del Tercer Ojo es una experiencia maravillosa que desbloquea los poderes místicos dentro de ti. El proceso necesita tiempo y no debes apresurarte. Se recomienda que busques a un maestro experimentado que te ayude a cultivar esta habilidad. Una vez completamente desarrollado, tu Tercer Ojo te llevará por un camino donde tu espiritualidad conectará tu vida con la naturaleza y con todo lo que te rodea. Todo a tu alrededor estará en sintonía con tu energía, y tu vida estará plena.

Todo el material de este libro fue recogido de varias fuentes, que han profundizado en el tema del Tercer Ojo. A medida que adquieres una mejor comprensión del tema, tienes más posibilidades de despertar tu propio Tercer Ojo.

A estas alturas ya tienes una idea del inmenso potencial de cómo el Tercer Ojo puede influir en tu vida. Para ver estos cambios, es necesario hacer un esfuerzo constante durante un largo período de tiempo. Los cambios se producen poco después de haber comenzado a estimular el Tercer Ojo. Pueden ser sutiles al principio, pero los efectos son obvios a largo plazo.

A medida que practicas la meditación con tu Tercer Ojo, enfocado por más tiempo, alcanzas un estado más elevado de conciencia. Obtendrás un mejor entendimiento del universo y de tu ser interior. Te ayudará a forjar una conexión con los poderes mayores y a buscar su guía. A medida que se vuelven más receptivos y sensibles a otras fuerzas, tus poderes psíquicos también se perfeccionan. Puedes ver en mayores dimensiones e incluso ver las posibilidades del futuro. Todo esto te ayudará a llevar una vida mucho más plena con un propósito definido.

Si encuentras útil la guía de este libro, puedes incluso recomendarlo a otras personas que sientas que se pueden beneficiar de él. El mundo será un lugar mucho más diferente si la gente de todo el mundo empezara a desprenderse de cosas sin importancia y mirará la vida con el Tercer Ojo.

Made in the USA
San Bernardino, CA
02 June 2020